発達障害を
職場で
ささえる

全員の
本領発揮を目指す
プレゼンティーズム
という視点

宮木幸一 著

東京大学出版会

Supporting Developmental Disorders in Occupational Fields:
From the View Point of "Presenteeism"
Koichi Miyaki
University of Tokyo Press, 2018
ISBN978-4-13-063407-6

推薦のことば

矢﨑義雄

　近年社会問題化している発達障害に関して，大規模な疫学研究や診療・就労支援ボランティアを行ってきた著者による，最新の研究成果の紹介と支援現場の生の声の集大成．障害の有無を問わず，各自が本来持つ力をなるべく発揮して就労することで幸福感と生産性の向上を目指す姿勢は，著者が医学部で教授を務める国際医療福祉大学の「共に生きる社会」の実現という理念にも合致した取り組みで，現状の課題と今後の方向性を示しており，社会問題として障害者の支援者・医療従事者に限らず広く読んでいただきたい．

（やざき・よしお，国立国際医療研究センター名誉総長・元東京大学医学部長）

[2018.03]

目　次

推薦のことば（矢﨑義雄）

はじめに　vii

第Ⅰ部　発達障害の特性と職場

第1章　「大人の発達障害」の基礎知識と社会―――――――2

1.1　小児科領域から大人の社会の問題へ　2
1.2　発達障害の多様性　3
1.3　自閉スペクトラム症（ASD）の特徴　5
1.4　自閉スペクトラムの3つの特徴　6
1.5　正常と異常に境い目はない　7
1.6　自閉症傾向を形作るもの　8
1.7　ADHD 注意欠如・多動症（注意欠如多動性障害）とは　11
1.8　ADHD もやはり「境い目はない」　13
1.9　治療と社会的サポート　16

第2章　発達障害者の職場体験世界　当事者アンケートから――――17

2.1　日本初の大規模当事者アンケートの概要　18
2.2　アンケートから見えてきた「自分の特性」　20
2.3　職位と個人の性格（発達障害傾向）　31
2.4　発達障害と転職　31
2.5　職場の満足度　32
2.6　当事者の体験世界が語るもの　35

第3章　全ての人にデコボコがある　「健常者の発達障害傾向」調査―――36

3.1　「デコボコ」を測定する　37
3.2　「健常者」でもデコボコはもっている　41
3.3　いまここにいる，どこにでもある職場の問題として　41

iv——目　次

第4章　「プレゼンティーズム」という視点と「本領発揮社会」——43

4.1　「メンタルヘルス」は「生産性」にかかわる　43

4.2　プレゼンティーズムとは　44

4.3　プレゼンティーズムのリスク要因　48

4.4　境い目のなさ，「連続的分布」を確認する　51

4.5　「現場の問題」にむかって　54

第Ⅱ部　職場の発達障害サポートの現場

第5章　就労支援の現場の実際とは
発達障害支援団体「ペガサス」スタッフ・インタビュー——57

全員で情報共有！　ペガサスのスタッフ体制（58）／自分
の障害を理解し伝える（60）／就職後の定着支援（64）／
就労支援の大変さともどかしさ（66）／ペガサスに入って
気付いたこと（68）／支援ツールについて（71）／インタ
ビューのまとめ（75）

コラム1　「自分のトリセツ」——いわゆるグレーゾーンの方への非営利ワークショップ例　76

第6章　家族として同僚として地域の一員として支援する
東京都自閉症協会理事長インタビュー——79

発達障害を持つ人への配慮（79）／個別配慮規程の必要性
（82）／キャリアパスの問題（85）／脳の特性の違いへの
興味（88）／支援者に必要なのは知識よりセンス（91）／
インタビューのまとめ（94）

コラム2　職場での工夫を編み出した当事者のエピソード　97

第7章　就労支援の団体づくり　「ペガサス」代表理事インタビュー——99

企業が発達障害者の雇用を避ける理由（99）／大切なのは
会社との相性（101）／障害を特別視せずに向き合う（103）

目 次──v

／インタビューのまとめ（105）

第8章　クリニックとの協働　医師の視点と評価ツール ───── 106

「適材適所」でつまずきをなくすために（106）／2軸評価
ツールでつまずきを可視化する（109）／インタビューの
まとめ（111）

コラム3 発達障害の評価ツールについて　112

第9章　ソーシャルワーカーとの協働
──福祉の現場から見えてくるもの ───────────── 117

豊芯会の歴史と就労支援（117）／統合失調症と発達障害
との支援の違い（119）／周囲に理解者を（120）／継続的
な就労支援のために（122）／これまでのインタビューを
振り返って（125）／精神障害者の雇用のポイントを考え
る（125）／特性を知ることの大切さ（126）／事業所の規
模と支援（127）

第Ⅲ部　当事者に役立つサービスやツール

[1]　発達障害者を支える障害福祉サービス　130
[2]　働きやすさの指標になるリオム（RIOMH）認証　136
[3]　発達障害の2軸評価ツール　138
[4]　ADHDとうまくつきあうためのヒント　139

おわりに　151

参考文献　157
著者紹介　160

はじめに

発達障害をもちながら働くということ

「発達障害」ということばが一般の方にも認知されはじめて久しいですが，それがどういうものだと考えられてきたのか（疾患概念の変遷）や，障害をもつ方の現状，特に「発達障害を持ちながら働く」ということについて，社会に十分理解されているとは言えないのが現状ではないでしょうか．

国際的に広く用いられる米国精神医学会の診断基準である「DSM-5 精神疾患の診断・統計マニュアル」（第5版）には，「社会から求められる要求水準が閾値に達しないと臨床症状は来さない」という発達障害の定義があります．つまり，その人自身の問題というよりは，その人のありかたと社会が要求するものとの間にある苦しみということであり，この点で，通常病気と言われるものとはきわめて異質で，わかりにくいものであることは間違いありません．

発達障害をもつ方はどんな苦しみを抱えているか，つまり発達障害の臨床像には多様性があるため，一概には言えない部分もあります．しかし，著者らの経験上，周囲に理解者がいること，生きやすい環境を整えること（環境調整），そして当事者が自分の特性を意識したうえで適応的行動をとれるようなスキル（技術）を習得することによって，いわゆる「障害者雇用枠」ではなくふつうの就労も可能な例は多数あります．「障害」と名はついていますが，環境によっては健常者と変わりない生活や社会参加が可能であることは，この本の最初に申し上げたいことです．

うつ病に隠れていた「職場の発達障害」

筆者は，働く方の健康（産業保健）やメンタルヘルスを専門に，大学の医

学部（公衆衛生学領域）で研究教育活動に従事しながら，企業で働く方の同意を得て長期間追跡し，健康に影響を与える諸因子を明らかにしようとする「職域コホート研究」という研究を行ってきました．それと同時に，産業医・企業内診療所長（一般内科）・大学校医（心療内科）・臨床医（精神科）として，適応障害やうつ病の患者さんを多く診てきました．

　典型的なうつ病の場合——「典型」といっても，教科書に載っているような典型例は実際には少数なのですが——，十分な休養と投薬によって抑うつ気分をはじめとしていろいろな症状が改善し，回復後には「あの時はどうしてあんな状態だったのだろう」としみじみと述懐されるとともに，ていねいにお礼を言ってくださる方が多いように思います．典型的なうつ病になる方は，まじめで礼儀正しい方であることが多いです．後で述べるように，これは発達障害がベースにある方の反応とは対照的であることが多いのです．

　うつ病は，自殺の危険もある疾患なので，医療が危機的な状態に介入して状況を変える役割の重要性はあるのですが，「医者が治している」というより患者さん自身が「適切な休息」によって回復されている部分が大きいものです．ていねいにお礼を言われるのは，こちらも恐縮しつつも，診療していてよかったと感じる嬉しい時間のひとこまです．

　ところが，職場でうつになって休職される方がたの中には，上でみたような教科書的な治癒の過程を経ないで，休職中は調子がよくなっても復職するとすぐにまた不適応症状をきたして休職を繰り返してしまう方がいます．同じうつ病でもどうしてここまで反応性が異なり，職場で事例化（問題化）してしまうのか，疑問に感じていた時期がありました．

　このような場合，ご本人も大変苦しんでいるのですが，その方の職場の上司や同僚の方がたも対応に苦慮したり，業務をカバーする必要性から疲弊したりしていることも多く，産業医や産業保健師などの産業保健スタッフも，その対応に追われて苦労させられることが多いようです．この場合，ご本人・ご家族のご苦労とはもちろん比較はできませんが，職場関係者も大変な思いをしていることが多いにもかかわらず，症状がよくなったときにご本人から職場関係者や医療関係者への感謝のことばを聞くことは，なぜか少ない傾向が見受けられます（あくまで一般論としてであって，医師に信頼を寄せ

てくれ，きちんとあいさつもされる当事者の方も複数おられますので，念の
ため）．

　その後，筆者は，同じ研究室（慶應義塾大学医学部公衆衛生学）で博士号
を取得後に精神科医になった先輩の影響もあって精神科専門医研修を受け，
発達障害について深く学ぶうちに，こうした「典型的でないうつ病」の背景
には，程度の差はあっても「発達障害の傾向が隠れている」ことが多いこと
に気づいてゆきました．その背景となる因子に目を向けずに，抑うつや意欲
低下，不眠といった症状だけをみて治療していてはうまくいかないことを，
経験から学んでいったのです．

「発達障害は増えてゆく」のか

　発達障害を構成する主要な因子のひとつである自閉症については，米国精
神医学会の診断基準が 2013 年に改訂された際に疾患概念が大きく変わり，
「自閉スペクトラム症（Autism Spectrum Disorder：ASD）という，正常な
状態からの「連続的なとらえかた」をするようになりました．

　「発達障害傾向は，正常と異常の境い目なしに連続的に分布する（スペク
トラムをなす）」という英国の児童精神科医ウィング（Wing）の仮説が世界
的に標準的な考え方になったわけですが，日本でも自閉症傾向が連続的に分
布することを筆者らが大規模コホート研究で実証しています（その結果は，
発達障害関係のトップジャーナル（当該領域を代表する研究専門誌）のひと
つである『オーティズム（*Autism*）』誌に 2017 年に公表しています [1]）．
つまり，発達障害とは「ふつうの」「正常の」一般の方にとっても決して無
縁の話ではないことがわかってきたのです．

　発達障害はもって生まれた性質・特性であり，遺伝的にその傾向を強くも
つ方が急に増えるということはありえません．近年患者数が増えているのは，
「発達障害」という疾患の概念が広く知られるようになったために，いまま
で診断されずにきた方が医療機関で正式に診断されるケースが増えているこ
とに加え，産業構造の変化によって単純作業が減り，職場で要求される対人
スキル等の水準が高くなっていることが大きく寄与していると考えられます．

　前者の要因は，ある意味での診断「ブーム」が過ぎれば適切な水準に落ち

着くと考えられますが，一方で，後者のような産業構造の変化は，職場の IT 化や人工知能の進歩・浸透によって今後ますます顕著となり，職場での社会的要求水準が高まっていく流れは当面続くと予想されます．

近年の「働き方改革」によって，各人が生産性を上げていくことが社会的要請というか「圧力」になりつつあります．そこで，優れた能力をもっていながら発達障害の特性のため職場不適応を起こして二次性のメンタル疾患にかかり，多くの関係者を巻きこみながら最終的に退社に追い込まれ，働ける能力があるにもかかわらず社会参加できずに福祉の世話になる事態が，個人としても社会としても避けるべき課題です．本書がその解決に少しでも役立てば，著者冥利に尽きます．

本書の構成と「プレゼンティーズム」という視点

本書では，まず第 1 章で，発達障害に関する医学的な解説（概念の説明や診断基準の変遷，治療法など）と，現代の日本において何が問題となっているのかを概説します．

そして第 2 章で，発達障害者の当事者が発案し，支援者団体がクラウドファンディングによって実施した 400 名以上の発達障害当事者のアンケートの解析結果から，当事者らの現状をまず，ありのままにみていただきたいと思います（このアンケート解析には筆者および鈴木知子氏が無償で協力しました）．

続いて第 3 章では，筆者らが健常者 2000 名以上（職域コホート）に対して行ってきた健常者の「発達障害傾向調査」の結果，そしてある特定の「自閉症特性」については，仕事の障害ではなく，むしろ仕事の生産性を高める方向に役立っているという，発達障害の当事者にとって希望のもてるような研究結果など，最新の研究成果を紹介しようと思います．こうしたレベルでの自閉症特性を検討することで，適切な介入を考案し周囲のサポート体制を整えることにより，仕事の生産性や社会適応度を高められる可能性があります．

また続く第 4 章では，近年，学校や職場での生産性を評価する指標として注目を集めている「プレゼンティーズム指標」である「WHO-HPQ」（ハー

バード大学医学部のロン・ケスラー（Ronald C. Kessler）教授が世界保健機関（WHO）のために作成し，公式日本語版を宮木が作成・妥当性検証）を活用した発達障害関係のエビデンス（実証）を紹介し，発達障害者と就労に関する議論の一助としたいと思います．

「プレゼンティーズム」とは，簡単にいうと，心身不調のまま勤務することによる生産性の損失のことです．対語である「アブセンティーズム」（疾患により休業を生じる事態）のように，勤怠情報ではっきり数値化されるものではないので目立ちませんが，生産性や経済に及ぼすインパクトが大きいことがわかり，近年注目を集めています．適切な就労支援によって社会全体のみえない損失「プレゼンティーズム」を減らすことで，社会全体の生産性が向上すると考えられます．

こうした現在得られている客観的なデータを提示したうえで，第Ⅱ部の第5章から第9章では，さまざまな立場で発達障害者の就労をサポートしている方々へのインタビューを収録しました．

具体的には，神奈川県を中心に発達障害者の就労支援事業をされていて今回の大規模当事者アンケートの解析を依頼してくれた「ペガサス」代表の木村志義さん，その現場で当事者と直接関わっている担当者の井上哲郎さん，荒井夕貴さんに，実際の就労支援現場の様子やご苦労，工夫されていることなどを伺いました（第5章，第7章）．

東京都自閉症協会の今井忠理事長からは，当事者の元上司という立場や，さまざまな当事者を支援してきたご経験から，きわめて示唆に富む話を聞くことができました（第6章）．

また東京都内で障害者の一般就労を目指す「就労移行支援事業」から「就労継続支援A型（雇用契約あり）」，「就労継続支援B型（雇用契約なし）」まで，幅広い障害者支援を行っている社会福祉法人「豊芯会」の近藤友克理事には，統合失調症の方が中心だった利用者が数年前から発達障害の方も増えはじめ，現場レベルでも異なる対応を迫られている現状や，発達障害の方にとってわかりやすい業務指示の工夫が統合失調症の6割くらいの方に役立っていることなどを伺いました（第9章）．

診療現場からは著者が開発した「発達障害の2軸評価ツール」を活用いた

だいている東京都内のリワーク施設の吉田健一先生に，現場での課題や今後の展望について対談いただきました（第8章）．このツールについては，その章のコラムでご紹介しますが，「自閉症傾向」と「注意欠如・多動症（ADHD）傾向」の特性を，国際的に確立された質問紙で点数化し，グラフの上で視覚化し，発達障害者ご自身の特性を把握してもらうとともに，就労支援者や就労先の関係者に特性を知ってもらう手助けとなるものとして開発しました．

「働けること」とウェル・ビーイング

WHOには，「メンタルヘルス」の定義として，「精神的健康とは生産性が高い状態で働くことができ，コミュニティに貢献できる良い状態（ウェル・ビーイング well-being つまり「幸福な状態」とも訳せます）」とされています．障害の有無にかかわらず，その方のもつ能力を生かし，働ける方は働いて主体的に社会参加できる社会を作ることは，現代の「生きづらさ」を減じ，個人の幸福とともに社会全体の生産性向上にも寄与しうる取り組みにほかなりません．

医学的なエビデンスをもとに，職場の生産性の観点を交え，多数のデータや現場の声を紹介している本書が，社会問題となりつつある発達障害者の現状とその就労を考えるうえで，いささかなりとも参考になれば幸いです．

第Ⅰ部　発達障害の特性と職場

第1章 「大人の発達障害」の基礎知識と社会

　職場の発達障害を考えるときに，そもそも発達障害への「考えかた」を，まずは正しく知る必要があります．ここでは「はじめに」ともやや重なりますが，発達障害についての基礎知識をおさらいしていきましょう．

1.1　小児科領域から大人の社会の問題へ

　発達障害はもともと，小児精神科領域の疾患です．さまざまなご縁で小児精神科の先生方と学生支援の取り組みや研究をご一緒していますが，筆者は小児精神科医ではなく，主に成人や大学生の発達障害と，産業精神保健（働く方のメンタルヘルス）を専門にしています．

　幸いなことに，小児期の発達障害支援制度や社会の理解は，徐々に整いつつあります．しかし大学生や社会人までの継続的な支援の枠組みはまだ十分でなく，就職や継続的就労を難しくしている状況です．

　当事者やその支援者を手助けできればと思い，学術的に確立されたさまざまな調査票（実施者の技量や当事者との相性，地理的なアクセスの悪さなどに左右されにくい長所がある）を応用しながら，産業精神保健研究機構 RIOMH（リオム，Research Institute of Occupational Mental Health，以下 RIOMH と表記）での非営利活動や，発達障害をもつ子どもの親御さんやその関係者への支援を実践しています．ですが「大人の発達障害」という新しい社会的課題に対して，私自身も手探りの状態です．

　かつては，小児精神科は精神科の中では比較的マイナーな領域だったため，発達障害をきちんと診ることができる先生はむしろ少なかった印象でした．しかし近年は関心をもって新しい知見，たとえば，一般の方にも自閉症傾向があり，連続的に分布すると考えるウィング（Wing）の「スペクトラム仮

第1章 「大人の発達障害」の基礎知識と社会──3

説」など（後出）を学ばれる先生方も増えてきています．

　スペクトラム（Spectrum）とは「連続的なもの」といった意味です．自閉症に関してこの考え方が国際的に主流になったのは，米国の診断基準上では2013 年からであり，診断名も「自閉症（autism）」から「自閉スペクトラム症（ASD）」へと変更になりました．医療従事者側もまだまだ手探りで新しい問題に対処しつつある途中であることを，最初にご理解いただければと思います．

1.2　発達障害の多様性

　さて「発達障害」ということばは，一般の方にも知られるようになってきました．ですが，その実態は非常に多様であり，正確に理解されている方は少ないかもしれません．生まれつき脳の一部の機能に障害がある点では共通していますが，個人差が大きいのも発達障害の特徴のひとつです．発達障害のさまざまな特性については，図 1.1 でまずイメージをもってもらうのがよいと思います．後述しますが，世界的に利用されている米国の診断基準の最新版 DSM-5 では，「自閉症」や「アスペルガー症候群」という言葉は使わなくなり，連続性をもった ASD（Autism Spectrum Disorder，日本語では自閉スペクトラム症）と呼ぶようになっています．

　発達障害の医学的な定義は，臨床家や研究者によりばらつきはあるものの，米国精神神経学会の診断基準「DSM」に基づいた以下の 3 つが主な構成要素となっています．

> ASD（自閉スペクトラム症）
> ADHD（注意欠如・多動症）
> LD（学習障害）

　特に自閉スペクトラム症（ASD，旧診断名であるアスペルガー症候群を含む）と，注意欠如・多動症（Attention Deficit/Hyperactivity Disorder，ADHD）の特性は大きく異なっています．以前の診断基準（DSM-IV）では図 1.2 のように ASD と ADHD は合併しないとされており，診断時にはもう

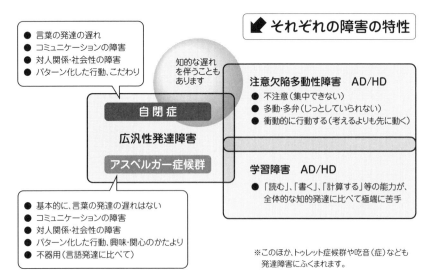

図 1.1　発達障害の分類（政府広報オンライン「発達障害って，なんだろう？──理解する」より）[1]

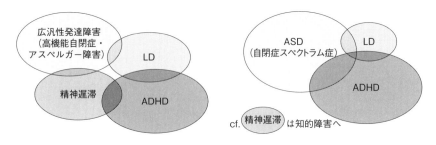

図 1.2　DSM-IV における発達障害の図解　　図 1.3　DSM-5 での発達障害の最新の考え方

一方を否定する必要がありました．これについては臨床上の感覚として，多くの現場の医師が違和感をもっていました．

　しかし最新の診断基準（DSM-5）では，図 1.3 のように合併もありうることが明確になりました．より現場の感覚に合致したものとなっています．

　これらの自閉スペクトラム症（ASD）と，注意欠如・多動症（ADHD）の特性は大きく異なっており，両者の程度に応じた対応が望まれます．ですが，一般の方だけでなく精神科医や心療内科医といった医療従事者の側でも十分

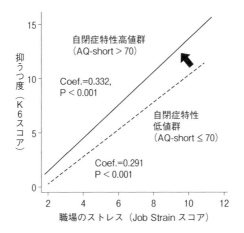

図 1.4　自閉症特性とストレスの関係（宮木らの研究による[2]）
自閉症特性高値群（AQ-short > 70）と低値群の両群ともに，職場のストレスが大きいほどうつ症状が優位に高値．自閉症特性が高いと，仕事のストレスに対する抑うつ度が優位に高値であり，ストレスが強くなったとき，有意ではないが（P = 0.137），うつ症状が約 1.5 割増加（ストレスへの感受性が増した）．つまり，自閉症特性が高いとストレスに対する感受性が増し抑うつ度が増す．

な理解ができていない現状があるのです．ASD と ADHD についてもう少し詳しくみていきましょう．

1.3　自閉スペクトラム症（ASD）の特徴

　近年，長期間にわたって再発を繰り返す難治性うつ病や，職場での不適応の原因のひとつとして，自閉スペクトラム症が注目されています．筆者らが行った研究でも，自閉症特性が高いとストレスに柔軟に対応することが難しく，抑うつ症状を来しやすいことがわかりました．医療現場では実感されている方も多いと思います．その差異を統計的に明らかにし，図 1.4 では視覚化しました．

　実際に，自閉症傾向が強まるにつれて，抑うつ症状を来しやすい傾向もうかがえます（図 1.5）．

　この自閉スペクトラム症の有病率は日本人の成人で 1.0％，男女比は男 1.8％，女 0.2％と男性に多いことがわかっています[3]．

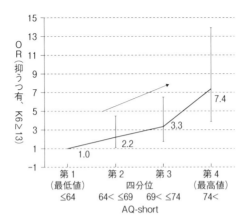

図 1.5 自閉症特性と抑うつのリスク（宮木らの研究による[4]）
　発達障害傾向があるほど抑うつ有りのリスクが優位に段階的に増し，AQ-short 値 4 分位最高値群では約 7 倍にも抑うつ有りのリスクが増した．つまり，自閉症特性が高いと抑うつ度が高くなる．

1.4　自閉スペクトラムの 3 つの特徴

　イギリスの児童精神科医ローナ・ウィング（Lorna Wing）は娘が当事者であり，「自閉症スペクトラム仮説」を提唱したことでも知られています．ウィングは，自閉症スペクトラムに 3 つ組み症状（Wing's triplet，三徴とも）という，以下に示す 3 つの障害がみられると考えました．

---

1) 社会性の障害
　他者との社会的相互関係の構築・維持が困難
　自分のルールと社会のルールのずれ（暗黙のルールがわからない）
2) コミュニケーションの障害
　話し言葉の異常（過度に丁寧，繰り返しが多い，一方的な会話）
　口調と音量調節の異常
　言葉の理解の問題（文字通り受け止める，冗談への理解のずれ）
　非言語コミュニケーションの問題（仕草や表情の適切な表出や理解が困難）

3）想像力の障害／反復した常動的動作
　　柔軟で創造的な思考の困難（ごっこ遊びができない）
　　応用が苦手
　　行動の前に結果を予想するのが苦手
　　変化への抵抗（日常の決まりごとがしっかりしすぎ，特定の対象への
　　　興味集中）

1.5　正常と異常に境い目はない

　自閉スペクトラム症の診断は，DSM-5 に改訂された際に変更がありました．これまでは ASD かそうでないかを明確に区別するカテゴリー的診断でしたが，ウィングの「自閉症スペクトラム仮説」が採用されたことで，その程度が連続的（スペクトラム）に分布しているとする量的診断へと変わりました．つまり，今までは「ここまでが正常」「ここからが自閉症」といった白黒のはっきりした診断基準だったのが，「自閉症」という診断名がなくなり，連続的なものとして診断されるようになったわけです．このことは筆者らが国際誌で発表した最新の研究成果（次頁図 1.6）にも見られます [5]．ASD と診断されていない就労者を含めた調査を行ってみると，自閉症傾向が連続的に分布することがわかったのです．

　自閉症傾向が強くても，普通に日常生活を送っている方も多い一方，自閉症傾向が強くなくても，学校や職場で衝突を繰り返し，診断・治療が必要になる方も出てきます．

　後述の ADHD のように，インチュニブ，ストラテラ，コンサータといった薬物による有効な薬物療法はありません．しかし環境調整や苦手なことを自覚し，それを補う練習（ソーシャルスキルのトレーニング）をすることで，標準以上の能力を発揮して社会生活を送る方もたくさんいます．われわれの研究でも，自閉症特性の一部が，むしろ生産性を高めることが示唆されています（次頁図 1.7）．

8——第Ⅰ部　発達障害の特性と職場

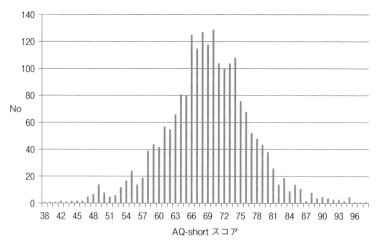

図1.6　自閉傾向は連続的に分布する[6]

宮木らの職域コホート研究における AQ-short 値の分布．ウィングのスペクトラム仮説を裏付けるような連続的な分布を示した．

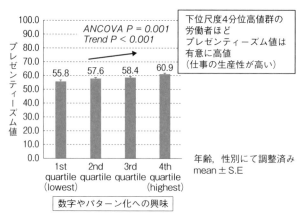

図1.7　発達障害傾向（ASD）下位尺度と仕事の生産性（プレゼンティーズム）との関連

「数字やパターン化への興味」の特性が高値群の労働者ほどプレゼンティーズム値は有意に高値（仕事の生産性が高い）（ANCOVA P=0.001, Trend P< 0.001）[7]

1.6　自閉症傾向を形作るもの

　自閉症傾向といってもその構成要素（下位尺度）は多様です（図1.8）．そ

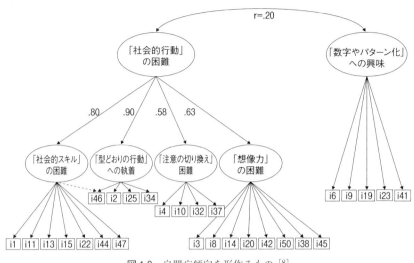

図 1.8 自閉症傾向を形作るもの[8]
AQ-short の因子分析による下位尺度評価.

の特性の一部は社会生活に役立ちうるため，適した仕事の選択や環境を整えることにより，プラスに生かすことができます．そのため，ここで示されたような研究成果を知っておくことは，大切なことだと考えています．発達障害の方は，抑うつや適応障害を二次障害として発症し，その前には自尊心の低下がみられることが多くあります．障害の特性のよい面にも目を向けてもらうことは，こうした二次障害を予防する上で有効です．このような特性について詳しくは，次の章の最新研究の解説をご覧ください．

　筆者が代表をしている RIOMH では，当事者の特性を視覚化し，苦手なことを意識できるツール「発達障害 2 軸評価ツール」を現場の声を踏まえて開発しました（10 頁の図 1.9，第Ⅲ部にも拡大して収録しています）．実際の診療やリワークの現場で活用しています．

　このツールでは，国際的に確立された方法をもとに，ASD と ADHD 傾向の特性を，視覚化・点数化しています．ご自身の特性を把握してもらうとともに，就労支援者や就労先の関係者に特性を知ってもらう手助けになるでしょう．

　このような無償のツールを使って社会適応力を高めることで，薬物治療と

お名前　山田 タロウ　　　実施日　2018年2月28日

発達障害といっても、自閉スペクトラム症(ASD)傾向が強いかと注意欠陥多動性障害(ADHD)傾向が強い方（あるいは両方が強い方）では特性は様々です。ご自身がどちらの傾向が強いのか、その特性・個性を把握したうえで、職場での適応力を高めるソーシャルスキルを身に着けることが有用です。

下図の2つの軸で、ご自身の特性を位置づけてみましょう！

ADHD 注意欠陥多動性障害

（1.不注意　集中力が続かない・ミスが起こりやすい
2.多動性　じっとしていることが苦手・そわそわする
3.衝動性　思いついたらすぐ行動に移る・待つのが苦手）

【特性】
呼吸の困難
自分を責める
集中が難しい
...
気分・行動の変化

ASD 自閉スペクトラム症

（1.社会的コミュニケーションの困難
2.コミュニケーションの困難
3.想像力の欠如・こだわりの強さ）

ADHDとASDの併存

ADHDとASDを全く別ですが、一人の人の間で
を併せ持つこともあります。

・あなたのAQ-shortスコア
77 点

・あなたのASRS for DSM-5スコア
20 点

<参考値>

	平均値	標準偏差	最小値	最大値
年齢（歳）	21.6	2.4	18	30
AQ-short	70.6	8.3	39	104
ASRS	10.7	3.9	3	34

AQ-Short得点　　点数が高いほどASD傾向が強い

この発達障害2軸評価は、国際的に有用性が確立されている注意欠陥多動性障害（ADHD）のスクリーニング検査のDMS-5版ASRS、自閉スペクトラム障害（ASD）のスクリーニング検査AQ-shortの2種を用いる。米国Simon Baron-Cohen教授（University of Cambridge）のほか当ケンブリッジ大学のSimon Baron-Cohen教授、ハーバード大学医学部Kessler教授（Harvard Medical School）を参考、産業精神保健研究機構のAQ-shortおよびASRSの日本語版を行った日本語版を用い、それぞれの傾向を併せ持つ度合いを2次元で表す。

© Research Institute of Occupational Mental Health　ver.1.0

〈併存しやすい感覚過敏・困難とその対処例〉

該当する□に○、特に気になるものに◎を記入してください

併存	○・◎	対処例
聴覚過敏		・耳栓を使ったり、静音性の高いイヤホンやノイズキャンセリングの機能を使う・刺激の少ない場所を利用する・聴き取りが苦手な場合は文書での指示などのメモを利用
視覚過敏		・色の違いやコントラストを変える・画面の輝度を下げる・ブルーライトカットのフィルターを使う
体性感覚	○	・服装の自由が許される職場の選択・肌ざわりのよい服を選ぶ・縫い目のない下着を選ぶ
臭覚過敏		・苦手な匂いの少ない職場に変える・マスクを利用する
味覚過敏		・苦手な食材を避ける・同僚と相談しておく
不器用さ	○	・手先の使用がある職場は避ける・自分のペースで仕事を進められるところ・なるべく作業手順書を作り保管する・仕事の優先順位を出してもらったり、仕事の優先順位を整理しておく
話すことの困難・表現		・話す・伝えることが苦手・順序立てる方法を自分で決めておく
書くことの困難・漢字・筆算・書字障害		・苦手な場合はメモする・分かりにくい時は何度も質問する・小型キーボードのガジェットを利用する
その他、気になること		（話す・聞く・計算する・推論する　etc. 自由記載）

図1.9　宮木らの「発達障害2軸評価ツール」

第1章 「大人の発達障害」の基礎知識と社会──11

は別のしくみで二次障害であるメンタルヘルスの悪化を防止し，本来の実力を発揮しやすくなります．今後も，エビデンスの蓄積に努めていきます．

1.7　ADHD 注意欠如・多動症（注意欠如多動性障害）とは

ADHD は "Attention Deficit/Hyperactivity Disorder" の略で，「注意欠如・多動症」または「注意欠如多動性障害」とも言います（「欠陥」と訳されることもありますが，DSM-5 日本語版では「欠如」に統一されています）．読んで字のごとく，不注意や多動性，衝動性によって生活に支障をきたしている状態を指します．

ADHD の特徴

人の話を集中して聞けない，忘れっぽい，体の一部を常に動かしてしまう，しゃべりすぎてしまう，思ったことをすぐに口に出してしまうなどの特徴がADHD にはあります．もちろん，こういった特徴があるからといって，すぐに ADHD の診断がなされるわけではありません．生活に大きな支障がなければ，診断も治療も必須ではありません．自分の特性を自覚し，学校や職場で支障がないようにする術を自然に（あるいは意図的に）身に着けることで，問題発生を防げる場合もあるのです．

ただ，こうした症状が強くみられ，上記のような工夫ではなかなか抑えられずに悩まれている方も多くいます．それは努力不足や育て方の問題ではありません．脳の機能障害（より詳しく言うとノルアドレナリンという神経伝達物質の機能不全）が主たる原因であり，ご本人や家族のせいではなく，育て方の問題でもないことがはっきりわかっています．

ADHD と脳，薬の関係

ADHD では機能障害が見られる脳の部位もある程度わかっており，前頭前野とよばれる脳の機能が落ちています（図1.10）．前頭前野は，自分自身の目標に従って考えや行動を整えることや，適切な社会的行動の調節に関与する機能を本来もっているのですが，この部分の機能に生まれつき障害がある

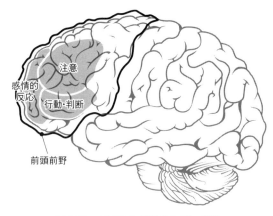

図 1.10　ADHD に関係する脳の部位
　前頭前野は，自分の内的なゴールに従って考えや行動を編成し，適切な社会的行動の調節に関与する．

ことによって，不注意や多動性，衝動性といった症状があらわれるわけです．
　治療薬として，ストラテラ（一般名：アトモキセチン）とコンサータ（一般名：メチルフェニデート）が挙げられます．ADHD ではノルアドレナリンやドーパミンといった神経伝達物質が不足していることがわかっています．この理由として脳内のトランスポーター（再取り込み口）が過剰に働いてしまい，神経伝達物質を必要以上に取り込んでいると言われています．
　ストラテラはノルアドレナリンの再取り込みを阻害する薬です．前頭葉に働きかけ，ノルアドレナリントランスポーターの働きを阻害し，シナプス間隙のノルアドレナリン濃度を高めます．それにより，前頭葉本来の機能を高め，不注意や多動性，衝動性を減少させることが期待できます．本剤に限らず，頭痛や吐き気，のどの渇き，食欲減退，動悸などの副作用が出ることがあり，また効果が出始めるまでに 1 ～ 2 週かかることが多いですが，一部の方にはよく効く実感があります．
　また中枢神経刺激薬のコンサータはドーパミントランスポーターやノルアドレナリントランスポーターの働きを阻害します．その結果，脳内で働くドーパミンとノルアドレナリンの量を増やすことができ，前頭葉本来の機能を高めることが期待できます．こちらはストラテラに比べて即効性があります

が，頭痛や吐き気，のどの渇き，動悸といった副作用の他に食欲減退，不眠，体重減少等が比較的多くみられ，耐性や依存性にも注意が必要とされています。

最近（2017年5月薬価収載）では，インチュニブ（一般名：グアンファシン）という薬（α_2 受容体作動薬）も使えるようになってきました。もともとは血管収縮を抑える降圧薬として開発されたのですが，ADHDへの有効性がわかってきたのです。交感神経の過剰な興奮を抑えることによって，多動性や衝動性を抑えることが期待されます。ただし，この交感神経の興奮を抑えるという作用からも明らかなように，不注意に関する症状には効果を期待できませんし，血圧低下・徐脈には注意が必要です。現在は小児（6歳以上18歳未満）への適用のみ認められていますが，近い将来に成人への適応も認められるようになると思います。

このようにわが国でもADHDの薬物治療の選択肢は広がってきており，それ自体は好ましいことです。ですが先ほど述べたように，自分の特性を知り，学校や職場で支障がない術を身に着けることで問題発生を防いだり，環境を整えることが基本です。心理療法や社会的なサポートも有効ですから，薬はあくまで補助的に考えていただければと思います。

1.8　ADHDもやはり「境い目はない」

ADHDに関しては，ASDの診断基準のように連続的な考え方（スペクトラム仮説）が定着しているわけではありません。とはいえ私を含め現場で当事者と接している医療従事者の一部は，ADHDについても0か1かに分かれるものではなく，連続的なものとして捉えられると考えています。

同様の考え方として，ADHDを専門とするハーバード大学医学部精神科講師ハロウェル博士（Edward M. Hallowell）が考案したADT（注意欠陥形質，Attention Deficit Trait）という概念があります。「形質」とは生物のもつ性質や特徴のことです。ハロウェル博士は，ADTは現代社会の職場で大きな問題になりつつあると指摘しています。遺伝的な要因が強いADHDに対し，ADTは環境要因によって顕在化したり消失すると説明しています。つまり，

ADT と呼ばれる注意力や集中力が持続しない状態は可変的であり，仕事や生活上のストレスに対処するために普通の人でも環境要因によって顕在化するのです．ADHD の特性である注意欠如の部分は，程度の差はあれ誰にでも連続的に分布しうると解釈できると思います．

この考え方は ASD におけるウィングのスペクトラム仮説のように国際標準の診断基準となっているわけではありませんが，筆者や一部の医師は ADHD 傾向も同様に連続的に分布すると考えています．ハロウェル博士はハーバード大学医学部精神科准教授のレイティ博士（John J. Ratey）とともに ADHD のスクリーニングテストを開発しており，筆者も利用したことがあります．ADT のような連続的な考え方は理にかなった学説のひとつだと考えています．

こうしてみると多様な発達障害も，ASD と ADHD の組み合わせとして捉えられます．それぞれの特性を 2 つの軸にし，視覚的に各自の特性を捉えられないか？　そんな筆者の発想から，先に述べた「2 軸評価ツール」が生まれました．これは，自閉症傾向と注意欠如多動性障害 ADHD 傾向の特性を点数化し，二次元上で視覚化したものです．ご自身の特性を把握してもらうとともに，就労支援者や就労先の関係者に特性を知ってもらう手助けになります．臨床現場やリワーク施設でも実際に活用されています．実際に活用いただいている都内のリワーク施設の吉田健一先生には，別の章（第 9 章）のインタビューで現在の課題や今後の展望について述べていただいていますので，詳細はそちらをご参照ください．

LD 学習障害等の ASD と ADHD 以外の問題となる障害
筆者は復職サポートや就労支援を専門としており，成人の発達障害を診ることが多いため，ASD や ADHD の方と接する機会が多いのですが，その他にも学習障害（LD）や併存しやすい各種感覚過敏も発達障害に分類されます．

先ほども紹介した，RIOMH が開発した当事者特性を視覚化して苦手なことを意識化する「発達障害 2 軸評価ツール」のフィードバック例から，併存しやすい感覚過敏，不器用さ，読字障害，書字表出障害などと，その対処例を抜粋した表 1.1 を挙げておきます．これらの対応策をとることで，発達障

表 1.1 発達障害に関連する感覚の過敏・困難とその対処例（宮木らの「発達障害2軸評価ツール」より一部分を抜粋）

該当するところに○，特に気になるところに◎を記入してください

併存	○・◎	対処例
聴覚過敏		・耳栓を使ったり，許可を得てノイズキャンセリング機能付きヘッドホンなどを利用 ・聞き取りが苦手なら指示の文書化の依頼やメモを利用
視覚過敏		・色の濃いサングラスを使用 ・画面の輝度を下げる ・ブルーライトカットのフィルターを貼る
体表過敏		・服装の自由が許される職場の選定 ・肌に触れても気にならない衣服を選び，内側のタグは丁寧に取り除いておく
臭覚過敏		・苦手な匂いが避けられない職場は避ける ・マスクを着用する ・職場内での移動・異動をお願いしてみる
易疲過敏		・生活リズムを整えて，しっかり睡眠をとる ・自覚がなくても休憩を定期的に取る ・疲れを記録してみる
不器用さ		・手先の器用さを求められる職場は避ける ・自分なりの作業手順書を作り確認する ・なるべくひとつずつ指示を出してもらったり，仕事の優先順位を教えてもらう
読むことの困難 （読字障害）		・線やしるしをつけながら読む ・読んでいる行に定規を当てる ・見比べる列をそろえる工夫をする
書くことの困難 （書字表出障害）		・全部完璧に書こうとせず，略記方法を自分なりに決めて書けるだけ書く ・後で書き足し，補いきれなければ質問する ・小型キーボードなどのガジェットを利用する
その他，困難に感じること		（話す・聞く・計算する・推論する etc. 自由記載）

害の方の働きやすさ，過ごしやすさがかなり改善されることがわかっています．

　ここまで，発達障害の診断基準や疫学的な研究知見，新薬の話などを簡単に紹介しました．発達障害が多様なものであることを，少しでも感じていた

16——第Ⅰ部　発達障害の特性と職場

だけたでしょうか．発達障害の方は，自分自身の体調の状態や，医療従事者
に相談すべきタイミングがわからず，無理を重ねて憔悴しきった状態で来院
されたり，二次障害のうつを重症化させてしまったりする例が多い印象を筆
者はもっています．

　自分の体調や気分（抑うつ度）がどのような状態なのか，国際的に確立さ
れた質問紙で数値化し，自覚することは，意味のあることだと思います．こ
れらの質問紙とは，ハーバード大学のケスラー（Ronald Kessler）教授が開
発した ADHD のスクリーニング質問紙である「ASRS for DSM-5」や，ケ
ンブリッジ大学のバロン‐コーエン（Baron-Cohen）教授が開発した ASD の
スクリーニング検査「AQ-Short」があります（第3章でくわしく触れます）．
いずれも宮木らが原著者の許可を得て日本語化しています．

1.9　治療と社会的サポート

　いずれにしても，発達障害は多様でそれに影響を与える因子もさまざまで
す．診断とはサポートのためにあります．適切な薬物療法や心理療法ととも
に，家族や支援者のサポートや周囲の理解，福祉制度の活用といった社会的
なアプローチも併用することが必要です．この障害で悩まれている方々のひ
とりでも多くが，無用の衝突を回避し，本来の力を発揮してその人にあった
社会参加ができるよう，微力ですが診療やサポート，研究的取り組みを続け
ていきたいと思います．

　それには医療従事者や支援者だけでなく，一般の方々が発達障害者とその
就労に関する現状を知り，当事者の特性を生かし，働ける方には労働を通じ
て社会に貢献してもらう社会的な雰囲気を醸成することも大事だと考えてい
ます．

　次章では約400名の発達障害者当事者アンケートをもとに，成人の当事者
たちが仕事や職場とどのように関わっているか，その実態をみていただきた
いと思います．

第2章 発達障害者の職場体験世界
──当事者アンケートから

　第1章では発達障害という考え方についてみてみました．正常と異常の境い目のなさが特徴であることがおわかりいただけたと思いますが，いま「大人の発達障害」がここまで大きな問題になっているのは，やはり，当事者の方たちがいろいろな職場で「生きづらさ」「苦しさ」を感じているからです．

　「はじめに」でもみたように，発達障害ははじめ児童精神医学の領域で研究がはじまり，主に学齢期の事例については多数の報告があります．しかし学校を出たあとの当事者たちはどんな生活世界を生きているのでしょうか．まとまった調査は意外なほどありません．

　これから紹介するアンケートは，「株式会社発達障害」によって行われたものです．株式会社発達障害は，発達障害者の当事者が発案し，運営する株式会社で，クラウドファンディングによって資金を集め，現在本格的な事業開始の準備をすすめています．407名の発達障害，またはその傾向があると自覚している方を対象にインターネットを用いてアンケート調査を行いました．

　株式会社発達障害のメンバーである木村志義氏は，発達障害者や精神障害者の方への就労移行支援事業を行っている一般社団法人「ペガサス」の代表でもあります．ペガサスは就労をめざす当事者の方が対象ですが，株式会社発達障害は働いている方を対象にサポートする趣旨であると木村氏から伺っています．

　このアンケート調査結果の解析の依頼を受けましたので，多くの発達障害の方や発達障害傾向が高い方のお役に立てる結果を示したいと考え，ボランティアで解析を行い，本書に掲載することにしました．

2.1 日本初の大規模当事者アンケートの概要

　アンケート調査は，全国の 20 〜 59 歳の就職している発達障害，またはその傾向があると自覚している 407 名を対象としました．男女の割合は約 7 対 3．平均年齢は 43 歳．最低年齢 23 歳，最高年齢 59 歳です．発達障害の診断を医師から受けたことがある人は全体の 11％でした．学歴は半数が大学を卒業しており，職業は正社員が最も多く 48％，パート・アルバイトが 18％，派遣社員・契約社員が 11％，会社経営・個人事業主は 10％，その他 13％でした．ここで驚いたのは，正社員が半数を占め，会社経営・個人事業主のような責任のある地位についている人も 10％を占めていたことです．発達障害の方や発達障害の傾向が高い方は，一般には周囲の人からは理解されにくく，職場に適応することが困難で，就職にも苦労する人が多いと伺っていたため，パートやアルバイトの割合が高いと筆者は考えていました．しかしこのことは，発達障害の傾向が高くても会社経営ができ，正社員にもなれる，という心強い結果だと思います（何らかの作業仮説を検証するため，研究のプロがデザインしたアンケートではないため，何かを結論づけるのではなく，当事者たちの現状をあるがままに見て感じてもらえればと思います）．

職種と個人の性格（発達障害傾向）

　では発達障害傾向の高い人は，どのような職業についている人が多いのでしょうか？　多くの人が就労している職業は，発達障害の方にとって適応しやすい職業かもしれません．発達障害の特性といっても，いろいろとあります．どの特性が強い人が，どのような職業についているのでしょうか？　発達障害傾向の高い人は，ご自身の特性と当てはまる特性を探してみて，その特性の高い人がどのような職業についているのかわかれば，ご自身に合う職業が見つかるかもしれません．以下のアンケート結果が，どの職業が自分に適しているかのヒントになると思います．

　個人の特性（発達障害傾向）として，以下の 10 種類を選びました．それぞれの特性について，「1 そう思う」「2 ややそう思う」「3 まったくそう思わ

ない」の3選択枝からひとつ選んで回答しています.

個人の特性（発達障害傾向）

1	気持ちを人にうまく伝えることが苦手だ
2	他人の言葉や気持ちを理解することが苦手だ
3	興味のあることには集中力を発揮できる
4	決められたルールはしっかり守る
5	思い立ったことをすぐ行動に移す
6	締切間際の方が力を発揮していい仕事ができる
7	忘れ物やうっかりミスが多い
8	整理整頓は苦手だ
9	不愉快な雑音やごちゃごちゃした環境では集中できない
10	手先が不器用で上手に文字を書いたり，細かい作業は苦手だ

　職種として，1管理的事務，2専門事務，3一般事務，4技術者，5医療従事者，6介護，7飲食調理，8接客・給仕，9販売，10営業，11生産工程，12運送，13掃除，14教員インストラクタ，15他，の15種類に分類しました.

　ここからは，それぞれの特性ごとに，それぞれの職種についている方がどのように解答したのかを見ていきます．たとえば「決められたルールはしっかり守る」という設問に対して，ある職種（たとえば一般事務）では，「1そう思う」と答えた人が一番多く，「2ややそう思う」「3まったくそう思わない」の順に答える割合が減っているとしましょう．つまり一般事務の仕事には，「決められたルールはしっかり守る」特徴をもつ人が多くいると考えられ，その特性が強い人にとって適職であると言えるかもしれません.

20——第Ⅰ部　発達障害の特性と職場

2.2　アンケートから見えてきた「自分の特性」

特性1　気持ちを人にうまく伝えることが苦手だ

　以下の質問に対して各職種の方に，「1 そう思う」「2 ややそう思う」「3 まったくそう思わない」のいずれかに回答してもらいました．図の横軸は，「1 そう思う」「2 ややそう思う」「3 まったくそう思わない」を区分けしています．縦軸には 15 種類の職種を区分しており，下から順番に 1 管理的事務，2 専門事務，3 一般事務，……と並んでいます．幅が広く面積が大きいほど答えた人数が多いことを示しています．なお一番右の細いグラフは全体の割合（結果）です．

　図 2.1 でほとんどの職種は横軸の「1 そう思う」「2 ややそう思う」「3 まったくそう思わない」の区分間で縦の長さが同じです．これは，気持ちを人にうまく伝えることが苦手と思う人，ややそう思う人，全くそう思わない人の割合が，その職種で変わらないことになります．

　その中で性格が影響していると思われる職種は「1 管理的事務」と「9 販売」のようです．管理的事務は，「1 そう思う」は少ないですが，「2 ややそう思う」では縦軸の長さが少し増えており，「3 まったくそう思わない」では縦軸の長さがかなり長くなっています．「1 そう思う」と答えた集団の中で「1 管理的事務」の占める割合は 5.8 ％，「ややそう思う」は同様に 7.1 ％，「3 まったくそう思わない」は 22.7 ％でした．このことより，「気持ちを人にうまく伝えることが苦手だ」と感じる人は，管理的事務を行っていることが少ないことがわかります．つまり，このような特性が強い人は管理的事務には適していないのかもしれません．気持ちを人にうまく伝えることが苦手だと部下への指示も苦手だと考えられます．

　一方，「9 販売」は，「1 そう思う」が多く，「2 ややそう思う」「3 まったくそう思わない」の順に，縦軸の長さが短くなっていきます．「1 そう思う」と答えた集団の中で「販売」の占める割合は 10.8 ％，「2 ややそう思う」は同様に 3.6 ％，「3 まったくそう思わない」は 2.3 ％でした．意外なことに，

第 2 章　発達障害者の職場体験世界——21

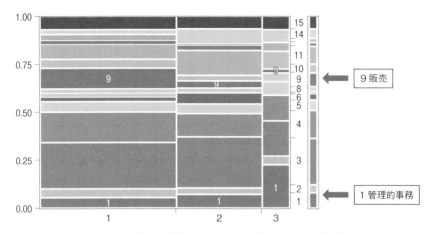

図 2.1　特性 1　気持ちを人にうまく伝えることが苦手だ

以下の凡例は図 2.1～図 2.10 で共通．横軸：1 そう思う，2 ややそう思う，3 まったくそう思わない．縦軸（職種）：1 管理的事務，2 専門事務，3 一般事務，4 技術者，5 医療従事者，6 介護，7 飲食調理，8 接客・給仕，9 販売，10 営業，11 生産工程，12 運送，13 掃除，14 教員インストラクタ，15 他．

特性 1	職種番号 「1 そう思う」「2 ややそう思う」「3 まったくそう思わない」ごとの各職種の割合 %														
	1	2	3	4	5	6	7	8	9	10	11	12	13	14	15
1 そう思う	5.8	4.5	24.2	15.7	5.4	2.7	1.4	2.7	10.8	4.5	8.1	1.8	3.1	2.7	6.7
2 ややそう思う	7.1	3.6	26.4	12.1	5.0	5.7	0.0	2.9	3.6	2.9	12.9	2.9	0.7	7.9	6.4
3 まったくそう思わない	22.7	4.6	18.2	13.6	6.8	0.0	0.0	4.6	2.3	9.1	4.6	0.0	0.0	6.8	6.8

このような特性の強い人は販売に適しているのかもしれません．

特性 2　他人の言葉や気持ちを理解することが苦手だ

つぎに「他人の言葉や気持ちを理解することが苦手だ」と答えた人たちの割合をみてみましょう（図 2.2）．ほとんどの職種は横軸の「1 そう思う」「2 ややそう思う」「3 まったくそう思わない」の区分間で縦の長さが同じです．その性格が影響していると思われる職種は「3 一般事務」と「9 販売」のようです．

「3 一般事務」は，「1 そう思う」より「2 ややそう思う」「3 まったくそう思わない」の順に割合が増えています．「1 そう思う」の集団の中で一般事

22──第Ⅰ部　発達障害の特性と職場

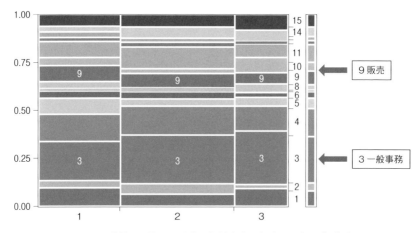

図2.2　特性2　他人の言葉や気持ちを理解することが苦手だ

特性2	職種番号「1そう思う」「2ややそう思う」「3まったくそう思わない」ごとの各職種の割合%														
	1	2	3	4	5	6	7	8	9	10	11	12	13	14	15
1　そう思う	9.6	3.7	20.7	14.1	8.2	3.7	1.5	3.7	8.2	4.4	8.2	2.2	3.0	3.0	5.9
2　ややそう思う	6.5	5.4	25.3	15.1	3.8	3.8	0.5	1.6	7.5	2.7	11.3	2.2	2.2	5.9	6.5
3　まったくそう思わない	9.3	2.3	27.9	12.8	4.7	2.3	0.0	4.7	5.8	8.1	7.0	1.2	0.0	5.8	8.1

務の占める割合は20.7%,「2ややそう思う」は25.3%,「3まったくそう思わない」は27.9%です．このことより，他人の言葉や気持ちを理解することが苦手だと考えている一般事務の人はやや少ないことがわかります．このような特性が強い人は一般事務には少し適していないかもしれません．

一方,「9販売」は,「1そう思う」「2ややそう思う」「3まったくそう思わない」の順に縦軸の長さが短くなっていきます．「1そう思う」と答えた集団の中で，販売の占める割合は8.2%,「2ややそう思う」は7.5%,「3まったくそう思わない」は5.8%でした．

特性3　興味のあることには集中力を発揮できる

この特性が影響していると思われる職種は,「3一般事務」「5医療従事者」「6介護」「8接客・給仕」「9販売」「10営業」の6職種です（図2.3）．

第2章　発達障害者の職場体験世界——23

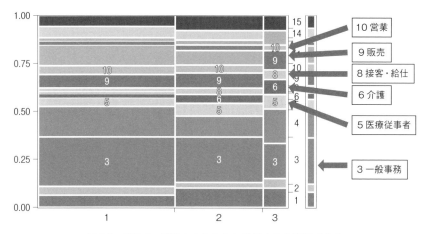

図2.3　特性3　興味のあることには集中力を発揮できる

特性3	職種番号
	「1 そう思う」「2 ややそう思う」「3 まったくそう思わない」ごとの各職種の割合%

特性3	1	2	3	4	5	6	7	8	9	10	11	12	13	14	15
1　そう思う	6.3	4.9	25.9	15.6	4.5	1.8	1.3	2.2	6.7	4.9	10.7	1.8	1.8	5.8	5.8
2　ややそう思う	10.4	2.8	23.6	11.1	6.3	4.9	0.0	3.5	7.6	4.2	7.6	2.8	2.8	4.9	7.6
3　まったくそう思わない	10.3	5.1	18.0	18.0	7.7	7.7	0.0	5.1	10.3	2.6	7.7	0.0	0.0	0.0	7.7

　医療従事者，介護，接客・給仕，販売の職業は，「1 そう思う」「2 ややそう思う」「3 まったくそう思わない」の順に縦軸が長くなっています．「興味のあることには集中力を発揮できる」という特性が強い人は，このような職業の人が少なく，適していないと言えるのかもしれません．この特性は一見長所に見えますが，短所にもなりえます．言葉をかえれば，興味のないことには集中できない，もしくは集中しすぎて仕事を中断して他のことができない性格なのかもしれません．

　一方，一般事務の場合，この特性について「1 そう思う」が25.9%，「2 ややそう思う」が23.6%，「3 まったくそう思わない」が18.0%と答えています．営業も同様に，「1 そう思う」の割合が多く，「2 ややそう思う」「3 まったくそう思わない」の順に減ってきています．この特性をもつ人にとって，一般事務と営業は適した仕事なのかもしれません．

24――第Ⅰ部　発達障害の特性と職場

特性4　決められたルールはしっかり守る

　この特性が影響していると思われる職種は，「1 管理的事務」「3 一般事務」「6 介護」「10 営業」「11 生産工程」「12 運送」です（図 2.4）．管理的事務，一般事務，営業，運送は，この特性に対して「1 そう思う」と答えた人が多く，「2 ややそう思う」「3 まったくそう思わない」の順に割合が減ってきています．決められたルールをしっかり守れる人には適している職業なのかもしれません．

　一方，介護，生産工程の人は，「1 そう思う」の割合が少なく，「2 ややそう思う」「3 まったくそう思わない」の順に多くなってきています．一見，決められたルールを守らなくてもやっていける職業なのか？　と思えてしまいますが，どの職業でもルールを守ることは大切です．特に生産工程の仕事では重要でしょう．もしかしたらこのような職業では，工程が厳密に決まっ

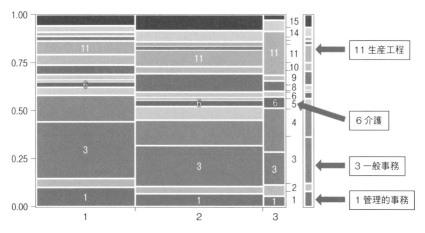

図 2.4　特性4　決められたルールはしっかり守る

特性4	職種番号　「1 そう思う」「2 ややそう思う」「3 まったくそう思わない」ごとの各職種の割合%													
	1	2	3	4	5	6	7	8	9	10	11	12	13	14	15
1 そう思う	10.4	4.3	29.9	13.4	4.3	3.1	0.6	3.1	4.9	5.5	7.3	2.4	1.8	3.7	5.5
2 ややそう思う	6.7	3.9	21.2	13.5	7.2	3.4	1.0	2.9	9.6	3.9	8.7	1.9	2.4	5.8	8.2
3 まったくそう思わない	5.7	5.7	17.1	22.9	0.0	5.7	0.0	2.9	5.7	2.9	22.9	0.0	0.0	5.7	2.9

第2章 発達障害者の職場体験世界——25

ていて，決められたルールを自然に守れるようなシステムになっている（マニュアルがしっかり整備されているなどの）仕事場が多いのかもしれません．そのため，ルールを守ることが苦手な人に適しており「3 まったくそう思わない」の割合が多くなっている可能性があります．

| 特性5　思い立ったことをすぐ行動に移す |

この特性が影響していると思われる職種は，「1 管理的事務」「3 一般事務」「11 生産工程」「14 教員インストラクタ」です（図2.5）．

管理的事務と生産工程は，「1 そう思う」「2 ややそう思う」「3 まったくそう思わない」の順に割合が減ってきています．思い立ったことをすぐ行動に移す性格は，実行力があるとも考えられますので，トップにたつ人に必要な特性と思います．そのため，管理する立場である管理的事務の人の割合が多

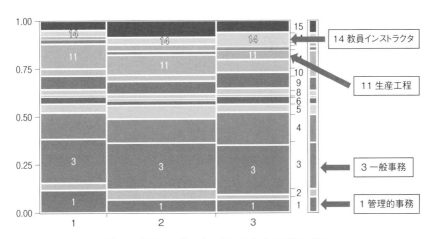

図2.5　特性5　思い立ったことをすぐ行動に移す

特性5	職種番号　「1そう思う」「2ややそう思う」「3まったくそう思わない」ごとの各職種の割合%														
	1	2	3	4	5	6	7	8	9	10	11	12	13	14	15
1 そう思う	11.9	3.7	22.9	13.8	4.6	3.7	0.9	2.8	7.3	3.7	12.8	2.8	0.9	3.7	4.6
2 ややそう思う	6.7	5.6	24.0	12.9	6.7	2.8	0.6	2.8	6.7	3.4	10.1	2.2	3.4	3.9	8.4
3 まったくそう思わない	6.7	2.5	26.1	16.8	4.2	4.2	0.8	3.4	8.4	6.7	5.0	0.8	0.8	7.6	5.9

いのかもしれません．

一方，一般事務，教員インストラクタは，「1 そう思う」が少なく，「2 ややそう思う」「3 まったくそう思わない」の順に割合が多くなってきています．一般事務や教員インストラクタは，思い立ったことをすぐ行動に移す特性をもつ人には向いていないのかもしれません．短所としてみた場合，よく考えもせずに衝動的に行動する性格ともいえます．

> 特性 6　締切間際の方が力を発揮していい仕事ができる

この特性が影響していると思われる職種は，「1 管理的事務」「4 技術者」「6 介護」「11 生産工程」「13 掃除」です（図 2.6）．

管理的事務，技術者の方は，「1 そう思う」の割合が多く，「2 ややそう思う」「3 まったくそう思わない」の順に割合が減っています．特性 3 とも関

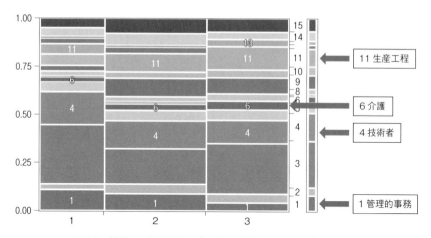

図 2.6　特性 6　締切間際の方が力を発揮していい仕事ができる

特性 6	職種番号														
	「1 そう思う」「2 ややそう思う」「3 まったくそう思わない」ごとの各職種の割合 %														
	1	2	3	4	5	6	7	8	9	10	11	12	13	14	15
1　そう思う	11.2	2.8	30.8	16.8	5.6	1.9	0.9	2.8	2.8	5.6	5.6	2.8	0.9	4.7	4.7
2　ややそう思う	9.0	4.8	18.6	14.4	5.4	3.6	1.2	2.4	9.6	3.6	9.6	3.0	1.2	6.0	7.8
3　まったくそう思わない	4.5	4.5	26.3	12.0	5.3	4.5	0.0	3.8	8.3	4.5	12.0	0.0	3.8	3.8	6.8

第2章　発達障害者の職場体験世界——27

係しますが，特定の対象への興味があると集中する性格なため，集中しないと締切に間に合わないような場合に興味のある対象だと集中できる性格なのかもしれません．管理的事務や技術者は毎日同じ作業をする仕事ではありません．締切までに完了させる仕事が多いように思います．

　一方，介護，生産工程，掃除は，「1 そう思う」では割合が少なく，「2 ややそう思う」「3 まったくそう思わない」の順に割合が多くなっています．これらの仕事はどちらかというと締切のある仕事が少ないのかもしれません．

特性7　忘れ物やうっかりミスが多い

　この特性が影響していると思われる職種は，「4 技術者」「5 医療従事者」「11 生産工程」「14 教員インストラクタ」のようです（図 2.7）．

　医療従事者，生産工程の方は，「1 そう思う」の割合が多く，「2 ややそう

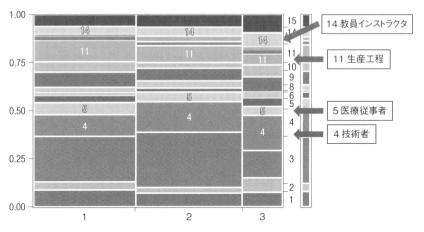

図 2.7　特性7　忘れ物やうっかりミスが多い

| 特性7 | 職種番号 |||||||||||||||
| | 「1そう思う」「2ややそう思う」「3まったくそう思わない」ごとの各職種の割合% |||||||||||||||
	1	2	3	4	5	6	7	8	9	10	11	12	13	14	15
1　そう思う	8.9	4.2	23.8	11.3	6.0	4.2	1.2	3.0	7.7	5.4	11.3	1.8	1.2	4.2	6.0
2　ややそう思う	7.5	2.9	28.7	15.5	5.2	2.3	0.0	3.5	6.9	2.9	8.6	2.3	2.9	4.6	6.3
3　まったくそう思わない	7.7	7.7	13.9	18.5	4.6	4.6	1.5	1.5	7.7	6.2	6.2	1.5	1.5	7.7	9.2

思う」「3 まったくそう思わない」の順に割合が減ってきています．これらの仕事は，忘れ物やうっかりミスが多いと困る職業のように見えます．特に医療従事者はうっかりミスが人の命にかかわります．しかし，そのような職業だからこそ，何重にもチェックし，ミスを未然に防ぎやすい体制になっているのかもしれません．

一方，技術者，教員インストラクタは，「1 そう思う」の割合が少なく，「2 ややそう思う」「3 まったくそう思わない」では割合が多くなっています．これらの仕事は，集団ではなく個人で動くことの多い仕事です．そのため，ミスを防ぐには自身で気をつける必要があり，忘れ物やうっかりミスが多い人には適していない可能性があります．

特性8　整理整頓は苦手だ

この特性が影響していると思われる職種は，「2 専門事務」「4 技術者」「9

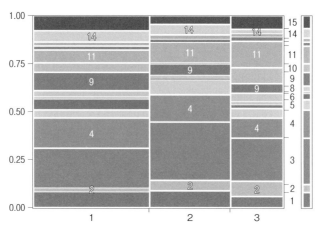

図 2.8　特性 8　整理整頓は苦手だ

特性8	職種番号「1 そう思う」「2 ややそう思う」「3 まったくそう思わない」ごとの各職種の割合%														
	1	2	3	4	5	6	7	8	9	10	11	12	13	14	15
1　そう思う	8.4	1.6	21.1	15.8	4.2	5.8	1.1	3.2	9.5	5.3	6.3	2.1	2.1	5.8	7.9
2　ややそう思う	9.1	5.3	30.3	14.4	7.6	0.8	0.0	1.5	6.1	0.8	10.6	1.5	2.3	5.3	4.6
3　まったくそう思わない	5.9	8.2	22.4	10.6	4.7	2.4	1.2	4.7	4.7	8.2	14.1	2.4	1.2	2.4	7.1

販売」「11生産工程」「14教員インストラクタ」のようです（図2.8）。技術者，販売，教員インストラクタの方は，「1そう思う」と答えた方が多く，「2ややそう思う」「3まったくそう思わない」の順に割合が減ってきています。整理整頓が苦手でもあまり問題とならない職業なのかもしれません。

一方，専門事務，生産工程は，「1そう思う」の割合が少なく，「2ややそう思う」「3まったくそう思わない」の順に多くなってきています。これらの職業は整理整頓が得意な人に向いている仕事なのかもしれません。

特性9　不愉快な雑音やごちゃごちゃした環境では集中できない

この特性が影響していると思われる職種は，「3一般事務」と「11生産工程」です（図2.9）。「1そう思う」方が多く，「2ややそう思う」「3まったくそう思わない」の順に割合が減っています。一般事務は静かな場所で事務仕事をする場合が多いようですし，生産工程も騒音こそあるかもしれませんが

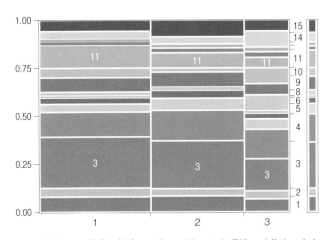

図2.9　特性9　不愉快な雑音やごちゃごちゃした環境では集中できない

特性9	職種番号 「1そう思う」「2ややそう思う」「3まったくそう思わない」ごとの各職種の割合%													
	1	2	3	4	5	6	7	8	9	10	11	12	13	14	15
1 そう思う	8.2	4.4	26.9	12.6	4.4	3.3	0.6	2.2	7.7	5.0	12.1	1.1	1.7	4.4	5.5
2 ややそう思う	8.5	3.9	24.8	15.7	6.5	3.9	0.7	1.3	7.8	2.0	7.8	2.6	2.0	3.9	8.5
3 まったくそう思わない	6.9	4.2	16.7	15.3	5.6	2.8	1.4	8.3	5.6	8.3	5.6	2.8	2.8	8.3	5.6

乱雑な環境は事故のもとになるため整理整頓されている場所が多いと思います。この特性をもつ人は，一般事務や生産工程のような職業があっているのかもしれません．

> 特性10　手先が不器用で上手に文字を書いたり，細かい作業は苦手だ

　この特性が影響していると思われる職種は「3 一般事務」「4 技術者」「13 掃除」です（図 2.10）．

　一般事務，掃除は，「1 そう思う」割合が多く，「2 ややそう思う」「3 まったくそう思わない」の順に減っています．手先が不器用で細かい作業が苦手な人には，ペンを使わずにパソコンのワープロ機能で文字が書ける一般事務などが向いているのかもしれません．

　一方，技術者は，「1 そう思う」割合が少なく，「2 ややそう思う」「3 まったくそう思わない」の順に回答の割合が多くなっています．技術者は専門技

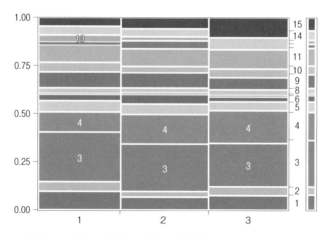

図 2.10　特性 10　手先が不器用で上手に文字を書いたり，細かい作業は苦手だ

特性10		職種番号														
		「1 そう思う」「2 ややそう思う」「3 まったくそう思わない」ごとの各職種の割合%													
		1	2	3	4	5	6	7	8	9	10	11	12	13	14	15
1	そう思う	9.6	5.2	25.9	10.4	5.9	3.0	0.7	3.0	8.2	5.2	8.9	1.5	3.7	4.4	4.4
2	ややそう思う	7.0	2.8	24.5	15.4	5.6	4.9	0.7	2.8	7.7	3.5	9.1	4.2	2.1	4.2	5.6
3	まったくそう思わない	7.8	4.7	22.5	17.1	4.7	2.3	0.8	3.1	6.2	4.7	10.1	0.0	0.0	6.2	10.1

術を用いるなど，手先の器用さが求められる場合が多いかもしれません．

2.3 職位と個人の性格（発達障害傾向）

　発達障害傾向の高い人は，どのような職位についている人が多いのでしょうか？　一般的なイメージとして，職位が高くなるにつれて管理的な立場になり，周りから厳しい目で見られるようになると，職場にうまく適応できずに挫折してしまう人が多いと考えられています．

　しかし，今回の調査の回答者をみると，社長から一般職員までさまざまな職位が含まれた集団でした．発達障害傾向が高いから出世できないわけではないことがわかります．職位なしの社員は約70％と多いですが，30％は管理職です．

社長	3.9%
役員・取締役	2.5%
事業部長クラス	1.5%
部長クラス	3.9%
課長クラス	6.9%
係長クラス	9.6%
一般（職位なし）	71.7%

2.4 発達障害と転職

　次に，今回の調査で発達障害と診断された人の転職経験と転職理由をみていきましょう（表2.1）．

　この表からは，コミュニケーションに関することや，サービス残業する「空気」といった明文化されていない職場の慣習への不適応が転職理由として目立つことがわかります．転職が悪いものとは限りませんが，こうした問題が起きにくいように自覚してソーシャルスキルを身に着けたり，これらの問題が起きにくい職場（コミュニケーション能力の要求度が高くなく，ルールが明確に明文化された職場）を見つけることで，腰をすえて仕事に取組み

32——第Ⅰ部　発達障害の特性と職場

表 2.1　発達障害と診断された人の転職経験と転職理由

転職回数	％
転職経験なし	28.5
1 回	20.6
2 回	14.7
3 回	11.1
4 回	6.9
5 回	5.7
6 回	1.0
7 回以上	11.5

転職理由（複数回答）	％
仕事内容への不満	33.3
上司とのコミュニケーションに問題があった	29.9
給与への不満	26.1
（上司以外の）職場の人とのコミュニケーションに問題があった	24.1
会社都合	20.3
指示されなくても，他の人を手伝ったりサービス残業する「空気」があった	14.1
職務遂行能力の不足（例：締切までに仕事ができなかった）	13.4
明文化されていない職場慣習への不適応（例：始業時間は1分遅れても「遅刻扱い」だったが，就業時間きっちりに帰ることはできなかった，飲み会が断れなかった）	12.7
就業規則に適応できなかった（例：始業時間，副業の禁止等のルールが守れなかった）	8.2
進学・留学・転職などのステップアップ目的	8.2
家族の介護・出産・育児・転居などの都合	7.9
就業中のケガ・疾病	4.8
就業中以外のケガ・疾病	4.8

やすくなるかもしれません.

　先にみた個人の特性と転職回数の関連をみてみましょう. 図 2.11 で矢印のある性格（図 2.11 の特性 4, 7, 8）は有意に転職回数と関連があるようです. 決められたルールをしっかり守らない, 忘れ物やうっかりミスが多い, 整理整頓は苦手だという人ほど転職回数が多い傾向があります.

2.5　職場の満足度

　職場で働く際, 役立った人または物があるか尋ねた場合, 物ではなく人（上司, 先輩, 同僚）の満足度が高くなっています（図 2.12）.

　発達障害に対しては, 人によるサポート体制が重要といえるのかもしれません. また, 役立った人や物がなかった人は, 満足度が低い傾向になりました.

　また, 働く際, 性格や体調などで, 理解があって助かっている, 助かった人がいるか聞いたところ, 職場で理解者がいた場合に, 職場の満足度が高い結果になっています（図 2.13）. 助かった人がいない場合, 満足度が低い傾

第 2 章　発達障害者の職場体験世界——33

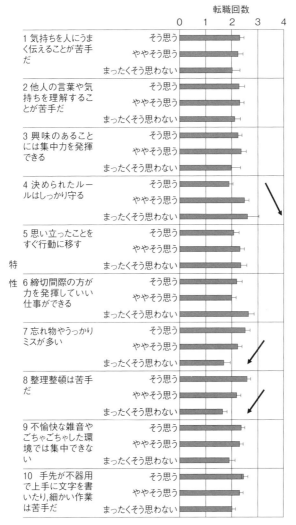

図 2.11　個人の特性と転職回数との関連

34——第Ⅰ部　発達障害の特性と職場

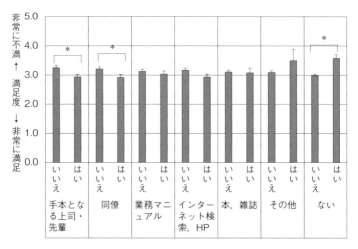

図 2.12　職場で働くときに役立った人や物

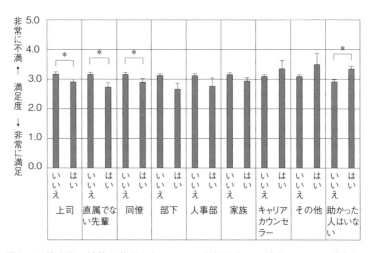

図 2.13　働く際，性格や体調などについて理解があって助かっている（助かった）人

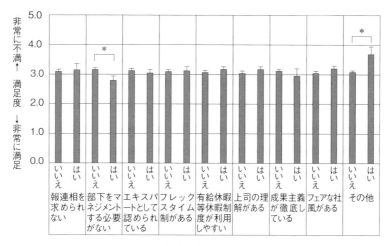

図 2.14　仕事でうまくいく環境

向があります．

また仕事でうまくいく環境としては，部下をマネージメントする必要がない場合，職場の満足度が高いこともわかってきました（図 2.14）．

2.6　当事者の体験世界が語るもの

以上，アンケート調査をもとに，当事者の方々がどんな思いで職場と，職場における自分を見てきたかをたどってきました．

たしかに，いくつかの特性とそれにともなう困難があり，これが本書の後半でみるサポートの「肝」とでもいうべきポイントになります．

ただ，発達障害には「正常と異常の境い目はない」ことを思い出してください．この章でこうして明らかになった特性についても，読者の多くの方は「自分の中にもこういう部分はある」という思いをお持ちではないでしょうか．

次の章では，こうした当事者の方のありよう——デコボコ——が，実は「ふつうの職場」にもあるということを明らかにしてゆきます．

第3章　全ての人にデコボコがある
──「健常者の発達障害傾向」調査

　前の章では，当事者の方々の職場での「生きづらさ」を構成する 10 のポイントを，アンケート調査でみてきました．そうした「デコボコ」を受け止めて機能する職場の姿とそのために必要なサポートを，これからこの本の後半で考えてゆくわけですが，ここでちょっと問いの立て方を変えてみたいと思います．

　何度でも繰り返しますが，発達障害に正常と異常の明確な境い目はありません．すると，「ふつうの人が働くふつうの職場」には，これらの「デコボコ」はあるのでしょうか，あるとすればどのぐらいでしょうか？　発達障害の特性をめぐって，いわゆる「ふつうの社会」の「ふつう」の職場の姿を知ることは，きっと私たちの取り組みに大きな意味があることに違いありません．たとえば，海外での研究例（図 3.1）をみると，健常者と自閉スペクトラム症の方の値が重なっているところがあることがわかります．

　筆者らの文部科学省の科学研究費による職域コホート（働く方を長期間追跡してメンタルヘルスや生産性に影響を与える要因を明らかにする研究）によって，某企業で一般就労している方々を対象とした調査をここでみてみます．

　全国の製造業に勤務している人約 2000 人を対象に，アンケート調査を行いました．自閉症特性の評価として AQ-short 調査票を利用しています．

　前の章でも触れましたが，「AQ-short 調査票」とは，ケンブリッジ大学のバロン - コーエン（Baron-Cohen）教授らによって開発された自記式調査票 Autism-Spectrum Quotient（AQ）です．発達障害傾向と自閉スペクトラム症のスクリーニングが可能で，成人を対象にしています．この調査票は 50 項目のものが広く用いられていますが，2011 年には項目を絞り込んだ短縮版「AQ-short」（28 項目版，an Abridged Version of the Autism-Spectrum

Quotient）が開発されました．このAQ-shortには今まで正式な日本語版は存在していなかったのですが，筆者が独自に日本語に翻訳しました．この日本語版は，原著者のバロン・コーエン教授の許可を得て利用可能となっています．AQ-shortは，項目を絞り込むことにより対象者への負担が軽減し，わが国での調査研究や産業現場での活用が進むことが期待されます．

3.1 「デコボコ」を測定する

以下はすこし専門的な話になるかもしれません（この調査の結果がわかればいいという読者は41ページに飛んでくださってもかまいません）．

AQ-short調査票は，自閉症特性総合値および下位尺度として自閉スペクトラムの症状を特徴づける2つの領域（社会的行動の困難と，数字やパターン化への興味）で構成されています．そして「社会的行動」の領域は，「社会的スキルの困難」，「注意の切り換え困難」，「型どおりの行動への執着」，「想像力の困難」の4つの領域で構成されています（図1.7参照；この領域が第2章の「特性」とかなり関わりがあることがおわかりいただけると思います）．自記式（自分で記入する）で回答するもので，医師・看護師が記載するテストよりも自分の判断が浮かび上がりやすいという特徴があります．

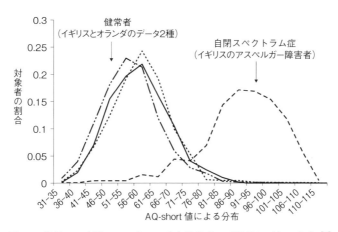

図3.1　海外での自閉スペクトラム症と健常者の「特性」ごとの分布[1]

表 3.1 日本の職域集団調査対象者の背景

	人数（％）
性別（男性）	1,839 (89.4)
年齢（歳）	44.5 ± 9.4
3分位　低年齢群（≤ 41）	724 (35.2)
3分位　　　（42-49）	711 (34.5)
3分位　高年齢群（≥ 50）	623 (30.3)
独居	431 (20.9)
教育歴（高校卒以下）	658 (32.0)
職位（管理職）	540 (26.2)
年収（万円 / 年）	
<500	400 (19.4)
500-1000	1,344 (65.3)
≥ 1000	309 (15.0)
飲酒（めったに飲まない）	586 (28.5)
禁煙	1,479 (71.9)
余暇の運動（する）	949 (46.1)

この下位尺度を用いて各々の自閉症特性に応じたケアや予防が可能と考えられます．

筆者らは，日本の職域集団において，自閉症の特性がスペクトラム（連続的）であり，白か黒かで分けられる明確な数値がないこと，それらの特性が社会経済的状況や生活習慣とどのように関連しているのかを検討しました．

日本全域に事業所がある企業内で働いている 23-65 歳，計 2058 人を対象とし，日本語版 AQ-short 調査票を用いて評価しました．調査対象者の背景は表 3.1 の通りです．

結果をみると図 3.2 のように，2つの山に分かれることはなく，自閉症特性総合値および下位尺度はいずれも，中央を頂きに裾野がひろがる，連続的な分布を示しました．これは，自閉症特性は連続的に分布するというウィングの提唱したスペクトラム仮説が，日本の労働者においても確認されたことになります．つまり，多かれ少なかれ誰でも自閉症特性をもっていることを

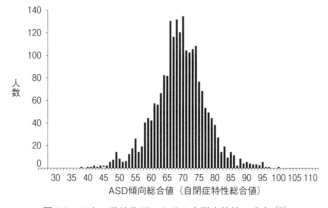

図 3.2　日本の職域集団における自閉症特性の分布 [2]

第3章　全ての人にデコボコがある——39

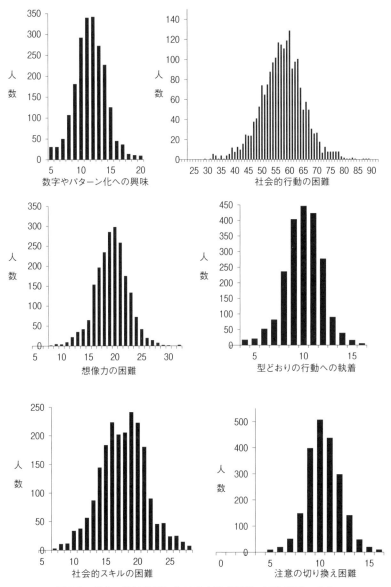

図 3.3　日本の職域集団における自閉症特性の下位尺度の分布

示したのです．

　また自閉症特性とその人が社会でどのように存在しているか（社会人口学的状況）との関連については，このような結果になりました．

---

　①性別：男性の方が女性より自閉症特性が高いことがわかりました．これは海外の報告例と同じ結果です．

　②年齢：自閉症特性とは関連がありません．これも海外の報告例と同じ結果です．ただし，例外として，低年齢ほど「型どおりの行動への執着」と「注意の切り換え困難」の値が高いことがわかりました．考えられる可能性として，この2領域は職場への適応が難しく辞めていくため，低年齢ほど値が高くなった可能性が考えられます．

　③独居（一人暮らしかどうか）：自閉症特性とは関連がありません．

　④社会経済状況（学歴，職位，年収）：社会経済状況が低い労働者の方が自閉症特性は高値でした．例外として，社会経済状況（SES：Socio Economic Status）の高い労働者は「数字やパターン化への興味」の値が高いことを示しました（1章図1.7）．

　⑤生活習慣：活動的でない（飲酒しない，喫煙しない，余暇に運動しない）労働者の方が自閉症特性が高値でした．例外として，余暇に運動する労働者の方が「数字やパターン化への興味」の値が高いことがわかりました．

　学歴，職位，年収といった社会経済状況が低いと，自閉症特性は高い値になりました．

　こうしてみると，自身の特性だけでなく，周囲の環境の重要さがわかってきます．仕事のスキル不足ではなく，周囲の自閉症特性についての先入観と理解不足により，社会経済状況が低くなる可能性が考えられます．

　なお，これらは自閉性傾向のある人の「特徴」ではなく，社会全体でどういった姿をみせているかという結果としての傾向を割り出したものですから，「余暇に運動しない人には自閉性傾向がある」と考えるのは全くナンセンスであるということは，はっきり申し上げておきます．

3.2 「健常者」でもデコボコはもっている

　しかし例外として「数字やパターン化への興味」の特性は，社会経済状況の高い人に高値でした．この結果は，「自閉症特性が高い人は科学の力が優れている」という報告例[3]に類似しています．生活習慣では，飲酒しない，喫煙しない，余暇に運動しない人の方が自閉症特性が高い値でした．考えられる理由として，ASD の方は二次障害として抑うつのリスクが高いと報告[4][5][6]されており，自閉症特性が高いと抑うつや引きこもりのリスクが高くなるため，生活習慣が行動的でない傾向になったのかもしれません．

　この調査が自閉症特性の高い人が自身の得意な分野を活用して適切なサポートを受けて社会で活躍するための助けになればと願っています．AQ-short のような下位尺度を用いて，各々の自閉症特性を検討し，きめ細やかな指導や環境調整をすることで，より社会適応を高められるかもしれません．今後の検討課題でしょう．

3.3 いまここにいる，どこにでもある職場の問題として

　この章で紹介した研究をご覧になって，どう思われたでしょうか．いわゆる「実社会」というものには切り離しがたく「発達障害の特性」というものが人口の一群としてあり，そこにはいわゆる健常者との境界はなく，われわれの社会そのものなのだ，ということではないでしょうか．

　ここでこの本がとりくむ課題がはっきりとしてきました．

・ふつうの職場，社会というものは，あらゆる人の特性が組み合わさって動いているのであって，その特性のうち，発達障害といわれる特性だけ，異常とみなして排除することはまったく現実的でない．

・遺伝的に発達障害の特性をもつ方が最近急に増えるわけはなく，産業構造・社会情勢の変化で発達障害の特性をもつ人が苦手な対人スキルなどが要求される仕事が増えてきた結果，能力と意欲があっても不適応を

起こす人が増え，社会的に無視できない問題となってきた．

・しかし，ある傾向をもった方が生きづらさ，苦しさを感じていたり，職場や周囲の人のほうで困惑していることは実際に多く，社会や時代全体が変わることを待ってはいられない．

・だとすれば，ある傾きをもった方がどんな職場の「社会的な組み合わせ」のなかでなら，その人の「もった特性を職場にとってのプラスに活かせるか」を考え，変えられる範囲で社会を少しずつ変えていったほうがよい．

ということだと思うのです．

　つまり，私たちが考えるのは，身体疾患や一部の精神疾患のように職場に留まっていることができない問題（アブセンティーズム／「欠席」＝アブセントから来た言葉）ではなく，いま現実に私たちの職場に「いる」人を，生きるその環境ごとサポートすることではないでしょうか．

　次の章では，アブセンティーズムの反対語である「プレゼンティーズム」という言葉をキーワードに，いよいよ具体的なサポート，または「職場づくり」「社会づくり」の提言へと進んでゆきます．

第4章 「プレゼンティーズム」という視点と「本領発揮社会」

本章では，「プレゼンティーズム」（Presenteeism）という言葉を紹介しながら，障害の有無を問わず各人が自分の力を発揮できるような幸福な社会（結果として組織や社会全体として生産性が高まることも合わせて達成される）への展望について述べたいと思います．

4.1 「メンタルヘルス」は「生産性」にかかわる

世界保健機関（WHO）は「精神的健康」をこのように定義しています．

「精神的健康」とは——個人が自分の能力を発揮でき，日常のストレスに対処でき，生産性が高い状態で働くことができ，コミュニティに貢献できるよい状態

（**Mental health** is a state of well-being in which every individual realizes his or her own potential, can cope with the normal stresses of life, can work productively and fruitfully, and is able to make a contribution to his or her community.）

ここでは "state of well-being" を「良い状態」と訳しましたが，WHO による健康の定義がわが国に公的に初めて紹介された昭和26（1951）年の官報では "well-being" を「福祉」と訳しており，意味がわかりづらくなっています．海外の "well-being study" を「幸福学研究」と訳すように，「幸福な状態」と言い換えた方がわかりやすいでしょう．

この定義にあるように，「精神的健康」とは単に精神疾患にかかっていない状態だけではなく，「自分の能力を発揮」し，「生産性が高い状態で働くことができる」という社会的な意味も含まれています．

44——第Ⅰ部　発達障害の特性と職場

　経済のグローバル化，経済効率追求の要請，成果主義の導入，労働の質や雇用形態の多様化，IT化の進展，ロボットや人工知能AI（Artificial Intelligence）の導入などにより，労働現場でのストレスは増加し，今後もこの傾向は続くことが予測されます．

　働く人々の精神的健康を維持し，労働遂行能力（生産性・パフォーマンス）を保つことは，やりがいや生きがいといった個人的な問題だけではなく，職場や企業単位での生産性・業績にも影響する，社会的なインパクトが大きい問題です．

　ではこの「生産性」をどのように定量化していけばいいのでしょうか．その学術的方法のひとつが「プレゼンティーズム」（Presenteeism）の指標です．

4.2　プレゼンティーズムとは

　「プレゼンティーズム」とは，「出勤している労働者の健康問題による労働遂行能力の低下であり，主観的に測定可能なもの」と定義されます．つまり出勤はしているものの，心身の健康状態の問題により，職場においてパフォーマンスが低下した状態を意味します．

　対をなす概念として「アブセンティーズム」（Absenteeism）があります．アブセンティーズムは，休業や病欠のことで，客観的事実として勤怠情報に記録されます．しかしプレゼンティーズムは，勤怠上はきちんと出勤しているため，客観的に把握することは困難です．

　ところが，やっかいなことに，プレゼンティーズムによる損失は無視できない大きさであることが近年わかってきました（海外の知見と筆者らによるわが国での損失額のエビデンスは後ほど47ページで紹介します）．こうした見えない生産性損失を可視化し，対策を立てることが重要だと考えられています．

　なお，専門的な読者の方には，「絶対的プレゼンティーズム」と「相対的プレゼンティーズム」というやや区別が必要な概念の説明が必要だと思いますが，別途筆者らの解説（筆者が世話人を務める学会の研究会用スライド）

第4章 「プレゼンティーズム」という視点と「本領発揮社会」——45

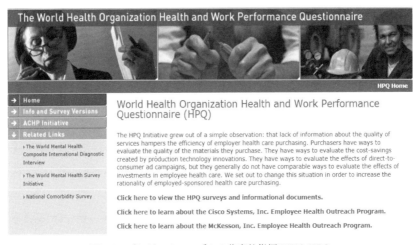

図4.1 プレゼンティーズムの代表的指標 WHO-HPQ
健康と労働パフォーマンスに関する質問紙のホームページ[1].

を参照してください（http://riomh.umin.jp/lib/RIOMHpresentation20170511.pdf）.

プレゼンティーズムの調査方法

プレゼンティーズムはどのように調査されるのでしょうか.

さまざまな指標が提唱され活用されていますが，中でも WHO-HPQ（World Health Organization Health and Work Performance Questionnaire）は世界的に最も広く活用されている指標のひとつです（図4.1）.

WHO-HPQ はハーバード大学医学部のケスラー教授が開発しました．米ギャラップ社による世論調査や国連の幸福度調査でも活用されている，「カントリルラダー」と呼ばれる心理学的に定評のある指標を使用しています.

海外のエビデンスや先行研究が豊富なこと，極限まで切り詰められた少数の設問であることなど，わが国で利用するにも最良の方法のひとつと考えられます．公式訳が存在しなかった日本での調査のために筆者が日本語版の作成および妥当性検証を行い，第三者による逆翻訳をケスラー教授に確認いただくステップを踏んで WHO-HPQ の公式日本語版となりました.

現在公式版として，筆者訳の日本語版を含め5か国語の公式版がで利用可能です．非公式のものを含めるとペルシャ語版や中国語版などもあり，世界

各国で研究活用されています．

設問の例

下記はプレゼンティーズムを評価する設問の一部です．職場でのパフォーマンスとその評価について，主観的な思いを数値化してはかるようになっています．「カントリルラダー」と呼ばれる10段のはしごをイメージしてもらい，「一番上が最高の状態，一番下が最低の状態と考えた時にあなたは今何段目にいるか」を回答してもらいます．

> 0があなたの仕事において誰でも達成できるような仕事のパフォーマンス，10がもっとも優れた勤務者のパフォーマンスとした0から10までの尺度上で，あなたの仕事と似た仕事において<u>多くの</u>勤務者の普段のパフォーマンスをあなたはどのように評価しますか？

なお，公式翻訳の過程では，オリジナルの英語から意味やニュアンスが変わらないことを担保するため，逆翻訳（back translation）と呼ばれる過程を経ます．つまり英語から日本語に訳したものをさらに英語に戻しても意味が変わらないかどうか，オリジナル版の原著者（ここではケスラー教授）が確認するのです．そのため日本語として読んだ時の自然さが犠牲になっていますが，勝手な意訳が入ると回答に偏りが生じる原因となり，厳密に国際比較する上で支障をきたしてしまいます．WHO-HPQのように海外のデータが豊富にあるのに比較可能性を担保できない事態は避けなければならず，このような硬い訳になっています．

プレゼンティーズムによる損失

米国での一般労働者を対象としたコリンズ（Collins）らの有名な報告によると，年間ひとりあたりの健康関連コストは医療ケアの費用が2278ドル，

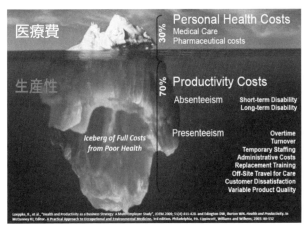

図 4.2 プレゼンティーズムによる損失を表した氷山モデル (Colins 2005[2] を参考に作成)

疾病休業による損失額が 661 ドルに対して,プレゼンティーズムによる損失額が 6721 ドルとプレゼンティーズムが占める割合が最大でした.

これは氷山モデルともいわれますが,海の上に見えている医療費は氷山の一角にすぎず,水面下により大きなプレゼンティーズムによる損失が隠れているというわけです(図 4.2).

日本のプレゼンティーズム

上記は海外での知見ですが,日本ではどうなのでしょうか.

筆者らが,宮木の元上司の中山健夫教授(京都大学公衆衛生大学院専攻長)や経済学者の菅万希子教授(帝塚山大学)らと取り組んだ,日本におけるプレゼンティーズムの経済評価論文では,プレゼンティーズムによる経済的損失についてマクロ経済の観点から 2 通りの方法で算出しました[3].

第一の方法として,文部科研費による筆者らの職域コホート調査結果(前章を参照)を基に,わが国の雇用者報酬に占める経済的損失額を試算しました.その結果,損失額は 19 兆 1452 億円となりました.これは 2015 年の全国の雇用者報酬の約 7.3% に当たり,国内総生産(GDP)の 3% 超に相当します.

48——第Ⅰ部　発達障害の特性と職場

　第二の算出方法として，マクロ経済の生産関数を推定し，プレゼンティーズムの改善によってどれだけ経済規模の拡大が見込まれるか考えました．経済的損失額を算定したところ，5兆5429億円という結果が得られています．

　日本においても氷山の下で意識化されていないプレゼンティーズムによる生産性損失は，海外での検討同様非常に大きなものであり，改善の余地は大いにあることを示唆しています．

4.3　プレゼンティーズムのリスク要因

　ではこうしたプレゼンティーズムに影響を及ぼしているものはなんでしょうか．

　バートンらの報告[4]によると，抑うつ・関節炎・腰痛が労働遂行能力に大きな影響があると指摘されています．コリンズらの報告[5]では，抑うつ・呼吸障害・片頭痛の影響が大きいことがわかっています．他にはケスラーらの報告[6]では，不眠によってプレゼンティーズムの有意な悪化が指摘されています．

　これらは，職場のメンタルヘルス管理と慢性疼痛，不眠への対処によって生産性低下は防げることを示唆するエビデンスだといえます．

　また疾患とまでは呼べないものの，海外で報告されているプレゼンティーズムのリスク因子としては表4.1のようなものがあります．

　睡眠・食事・運動といった基本的な生活リズムを整えることが重要であることを示す科学的な根拠でもあります．

プレゼンティーズムと病欠

　以上は生産性の損失という側面からプレゼンティーズムを見ました．

　しかし働く方にとっては生産性だけの問題ではないことが，最近の検討で明らかになっています．プレゼンティーズムが不良だと，将来の長期病欠のリスクが増すことがベルギーの調査でわかったのです[7]．

　ベルギー人男性935名，女性867名を追跡した調査により，プレゼンティーズムが不良であると将来の短期病欠のリスクが上昇（男性：2.38倍，女

第 4 章　「プレゼンティーズム」という視点と「本領発揮社会」——49

表 4.1　プレゼンティーズムのリスク因子 [8]

> 過体重（肥満）
> 内容的に貧しい食事
> 運動不足
> 高度のストレス
> 同僚や上司との乏しい関係性
> 病気による欠勤への考え方
> 不眠

性：1.90 倍）すること，長期病欠のリスクも上昇（男性：2.73 倍，女性：2.40 倍）することがわかりました．女性だけの所見ですが，プレゼンティーズムが不良であると女性の場合は有意に将来の病欠回数が上昇する（女性：2.38 倍）こともわかっています．

　またスウェーデン人労働者を対象とした研究でも，プレゼンティーズムが不良であると（自己評価での）健康度が悪化するリスクがあり，病欠に対するリスクも上昇することが近年明らかになっています．

　日本においては，WHO-HPQ 日本語版を利用した筆者らの研究があります [9]．この研究は 3 章と同じく，日本全域に事業所を持つある企業に勤務している 21-65 歳の労働者を対象とし追跡調査を行いました（同意率 90.1 ％）．対象者数は 1 年目 2266 人，2 年目 2876 人，3 年目 2624 人です．

　解析は，3 年分のプレゼンティーズムと，精神的理由による病欠データが参照できる 2195 人を対象にしました．その結果，初年度のプレゼンティーズムが不良である場合，将来的に精神的理由による病欠が 4 倍に増えていました．

　つまり海外の事例と同じように，日本においてもプレゼンティーズムの不良が将来の病欠に影響を及ぼすことがわかりました．さらに興味深いのは，初年度の抑うつ度の影響を取り除き，プレゼンティーズムの不良だけをみても，将来の精神的不良による病欠の割合は変わらないことがわかったのです．つまり，もともと抑うつ傾向があってもなくても，プレゼンティーズムが不良であること自体が，将来の病欠に影響を及ぼしていると考えられるわけです．

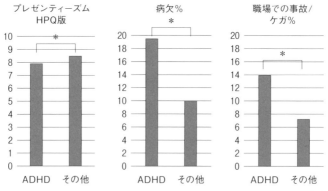

図 4.3　ADHD をもつ米国人労働者のプレゼンティーズムと生産性[10]

発達障害によるプレゼンティーズムと生産性

　ここまで一般就労している人々のプレゼンティーズムによる生産性損失を見てきました．では，本書のテーマである発達障害者においてはどうなっているでしょうか．

　この問題については上述のケスラーが，ADHD をもつ米国人労働者の生産性に関する論文を発表しています[11]．

　この調査では，ADHD のある労働者は全体の 1.9% でした．生産性を前述のプレゼンティーズム指標 WHO-HPQ で測定したところ，ADHD の人たちはそのほかの人々よりも，生産性が平均値として約 5% 低いことがわかりました．また病欠のしやすさと職場での事故またはケガのしやすさも，約 2 倍であることがわかりました（図 4.3）．

　経済学的検討もなされ，米国人労働者年間ひとり当たりの ADHD による合計損失額は 4336 ドル（約 50 万円）ということが報告されています．

　この報告は米国人労働者についての知見ですが，日本人を対象とした検討では生産性に関して希望の持てる結果も得られています（4.4 節）．

　その前にまずは米国と同様の現象が日本でも観察されることを見ていきましょう．図 4.4 は共同研究者である鈴木知子氏が日本の大学生 1030 人（平均年齢 21.6 歳，男性 323 名，女性 707 名）を対象に行ったインターネット調査の結果です．

第4章 「プレゼンティーズム」という視点と「本領発揮社会」——51

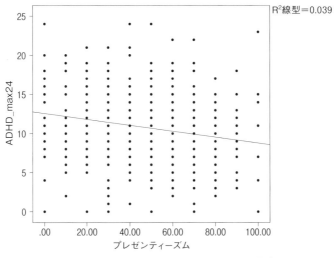

図 4.4　ADHD 傾向とプレゼンティーズム [12]
値が低いとプレゼンティーズムが不良

　ばらつきは大きいですが，ADHD 傾向が強い人ほどプレゼンティーズムが悪くなる（生産性が低い）というケスラーの論文と同様の傾向が確認されました．
　このように独立した研究で同じ結果が示されると，その結果が本当であると考える人が多いでしょう．「発達障害傾向があると生産性が低くなる」という，必ずしも正しくない認識をもってしまうと思います．

4.4　境い目のなさ，「連続的分布」を確認する

　しかし次にみてほしいのが，前章でも紹介した日本の某企業に勤務する 2058 名を対象とした筆者らの調査です．ここでは自閉症特性を AQ-short (Autism-Spectrum Quotient) の日本語版を活用してスコア化しました．前章でも紹介したように，「自閉症傾向は一般の人々も含めて連続的に分布する」というスペクトラム仮説を裏付けるような結果が，日本人の労働者でも確認されました．
　ここでは各人の自閉症特性値をより細かく見ていきます．自閉症特性の 5

52——第Ⅰ部　発達障害の特性と職場

表 4.2　自閉症傾向の特性の下位尺度についての設問

下位尺度			設問
数字やパターン化への興味			私は車のナンバープレートや同じような情報の列に，いつも目が留まる
			私は日付に興味をそそられる
			私は数字に興味をそそられる
			私は物事のなかの規則性にいつも目が留まる
			私は物事の分類に関する情報を集めることを好む
社会的行動		想像力の困難	何かを想像しようとするとき，私は心に絵を思い描くことは易しいと気づく
			物語を読むとき，登場人物達がどのような格好をしているかを簡単に想像することができる
			私は話を作り上げることは易しいと気づく
			物語を読むとき，私は登場人物達の意図を理解することは難しいと気づく
			私は誰かが考えていることや感じていることを理解することは易しいと気づく
			私は誰か他の人の立場にたってみることはどのようなことなのか，想像することは難しいと気づく
			私は人々の意図を理解することは難しいと気づく
			私は子ども達とごっこ遊びを含んだ遊びをすることは易しいと気づく
	型どおりの行動への執着		私は何かをするとき，何度も同じやり方ですることを好む
			私は毎日の習慣が邪魔されたとしても動揺しない
			私は自発的に何かをすることを楽しむ
			新しい状況は私を不安にする
	社会的スキルの困難		私は何かをするとき，自分一人でよりも人と一緒にすることを好む
			私は社交的な場面を気軽に考えている
			私はパーティーに行くよりもむしろ図書館に行きたい
			私は物事よりも人に，より強く引きつけられていると気づく
			私は新しい友達を作ることは難しいと気づく
			私は社会的な機会を楽しむ
			私は初対面の人々と会うことを楽しむ
	注意の切り換え困難		私はしばしばひとつのことに強く熱中する
			私は何人かの異なる人々の会話に容易について行ける
			私は一度に２つ以上のことをすることは易しいと気づく
			私はもし邪魔が入っても，とても速やかに元に戻ることができる

つの要因（数字やパターン化への興味，想像力の困難，型どおりの行動への執着，社会的スキルの困難，注意の切り換え困難）という下位尺度に分け，それぞれをスコア化しました．値が高いほどその性質を強くもつことを示しています．

　ちなみに，具体的な設問は表4.2のようになっています．

　その結果，自閉症特性の総合スコア（AQ-short 値）と生産性（プレゼンティーズム値）の関連を見ると，自閉症特性が高い労働者ほど，プレゼンティーズム値が有意に低い（仕事の生産性が低い）ことが観察されました（図

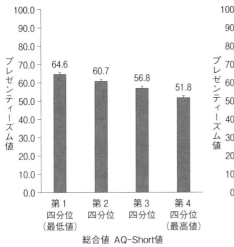
図 4.5 自閉症特性とプレゼンティーズム

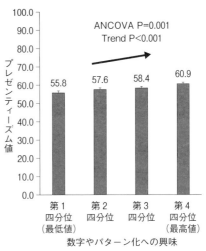
図 4.6 数字やパターン化への興味とプレゼンティーズムとの関係

4.5).

　この結果は，ADHD の人は生産性が下がる傾向にあるとした，ケスラーや鈴木らの調査の結果を，自閉症特性でも示したものといえます。

　しかし自閉症傾向の下位尺度を詳しく分析していると，そのひとつである「数字やパターン化への興味」という要素が強い人は，むしろプレゼンティーズム値が高い（仕事の生産性が高い）ことがわかったのです（図 4.6）。

　こうした特徴を意識し職業を選択したり，上司が仕事を割り振ったりすることで，本来の能力が発揮しやすくなり，適材適所な働き方に近づくと考えられます。

　発達障害は仕事の生産性を下げる方向に働く傾向があるのですが，下位尺度に注目すればむしろ強みでもあることが定量的に示されたわけです。こうしたエビデンスに基づいて，誰もが力を発揮しやすいような職場や社会に近づいていくことを期待したいと思います。

4.5 「現場の問題」にむかって

　社会としての理解や周囲のサポートだけでなく，当事者自身が自分の得意なことや苦手なことに気づき，それを踏まえて苦手なことが少なくて済むような工夫をし，支援者とともに苦手を克服するための自助努力を行うことで，少しずつかもしれませんが働きづらさや生きづらさは軽減されるかと思います．

　第Ⅱ部では，当事者をさまざまな立場で支援している方々のインタビューを掲載します．このように日々真摯に就労支援にあたっている人たちもいますので，当事者は自分の周囲でこうした支援者を是非見つけて，ひとりで抱え込まないことも重要です．同じような特性を持って工夫しながら働いている人々の経験やアドバイスを聞く「ピアサポート」も助けになります．

　筆者をはじめさまざまなとりくみが，こうした「本領発揮社会」にむけて動き出しています．本書の第Ⅱ部では，これまでみてきたような大人の発達障害をみる目から導かれる実践について，さまざまな立場から多くの当事者と接し，さまざまなサポートを行っている方々のお話を聞いてみたいと思います．

　これが正解だというものはいまだなく，それぞれの方がそれぞれの思いで取り組んでいることを知っていただくなかで，読者に当事者支援の現状イメージを持っていただき，さまざまな立場から当事者が「本領発揮」できるような社会を模索しているようすを具体的な事例を通して知っていただければ幸いです．

第Ⅱ部　職場の発達障害サポートの現場

　本書の前半では，発達障害についての考え方から，「すべての人にデコボコがある」ことを明らかにし，第4章ではそのデコボコを組み合わせ「生産性」ある社会にみんなが参画することが「メンタルヘルス」のもとの意味であることを考えてきました．

　本書の後半である第Ⅱ部では，「では実際どうすればいいのか」を実践してきた方々——社団法人の職員であったり，社会的起業家であったり，医師であったり，ソーシャルワーカーであったりと，専門性や活動領域はそれぞれに異なりますが——の，先駆的な実践に学んでみたいと思います．

　第5章　神奈川県を中心に発達障害者の就労支援事業をされていて，今回の大規模当事者アンケートの解析を依頼してくれたペガサス，その現場で当事者と直接関わっている担当者の井上哲郎さん，荒井夕貴さんに支援現場の実際をお伺いします．

　第6章　当事者の元上司という経験を活かし，さまざまな当事者を支援してきた，東京都自閉症協会の今井忠理事長に，支援の輪を広げ，支援団体を組織していった実践の歴史を紹介していただきます．

　第7章　第5章の「ペガサス」代表の木村志義さんに，こうした支援事業の運営論と発達障害就労サポートの現場の実際をお聞きします．

　第8章　社会福祉法人豊芯会の近藤友克理事には，一般就労をめざす「就労継続支援A型」（雇用契約有）から，「就労継続支援B型」（雇用契約なし）まで幅広い支援の取り組みを伺い，福祉の立場からの提言をいただきます．

　第9章　これまで度々紹介してきましたが，筆者らが開発した発達障害の2軸評価ツールを活用していただいている都内のリワーク施設の吉田健一先生に，その使い方の実際を含めお話いただきます．

　なお，「就労継続支援事業」とは一般の事業所で働くことが困難な障害者の方に，就労の機会を提供すると共に生産活動その他の機会の提供を通じて

その知識及び能力の向上のために必要な訓練を行う事業で，雇用契約を結び利用するのがA型，雇用契約を結ばないで利用するのがB型と分類されています．

　後者のB型の方が比較的重い障害を持つ方が多く，その方ができる作業に取り組み，作業した分の給与がもらえます．できる作業内容に依存するため金額的には十分といえないことが多いですが，自分が作業したことが社会に役立つ実感が得られるだけでなく，より高度な作業ができるように技術を習得したり，ソーシャルスキル・トレーニング（社会生活技能訓練）を受けることで日常生活が円滑になったりするメリットもあります．

＊

　各章でその実践に役立つ示唆をまとめてみましたが，語りそのものはなるべく「なま」に近いものにしています（事例の個人情報保護などのために一部改変しているところがあります）．どうしてもこころのケアは「個別具体」への関わりになります．読者のみなさんご自身の関心を重ねつつ，耳を傾けていただければと思います．

第5章 就労支援の現場の実際とは

──発達障害支援団体「ペガサス」スタッフ・インタビュー

　首都圏で発達障害者の就労支援をおこなう一般社団法人「ペガサス」のスタッフの方にお話をうかがった.

　「それぞれの障害特性に合わせた支援」とひと口に言っても，その特性をどのように見抜くか（この点については，筆者らが開発したツールを「ペガサス」には使っていただいた. このインタビューでもこのツールの現場での評価を聞かせていただいている），ご本人のモチベーション，就労先の会社の業務や人間関係などをつないでいる現場での支援者の動き方について，リアルなお話を聞けた.

井上哲郎（いのうえ・てつろう）氏──一般社団法人ペガサス，管理者. 精神障害者や発達障害者の就労移行支援事業を行う社団法人のスタッフ. 大学卒業後，大手外食チェーンにて店舗の責任者として勤務し，店舗での障害者雇用にも積極的に取り組む. その経験を活かし，ペガサスでは管理者業務とともに，企業に対し障害者雇用のヒアリングおよび提案，利用者の実習支援，定着支援などを行っていて，現場での課題や思いを伺った.

荒井夕貴（あらい・ゆうき）氏──一般社団法人ペガサス，サービス管理責任者，社会福祉士. 大学卒業後，就労継続支援B型事業所に6年間勤め，障害のある方が社会に出て自立出来るようサポート（橋渡し）したいと強く思うようになり，ペガサスに入職. 現在はサービス管理責任者として，利用者との面談，個別支援計画の作成，プログラムの提供，支援機関との連絡調整などを行っており，現場での課題や思いを伺った.

コメント・**児玉裕子**（こだま・ゆうこ）氏──国際医療福祉大学医学部公衆衛生学客員研究員，オリエンタル労働衛生協会. 保健師.

司会・**鈴木知子**（すずき・ともこ）氏──国際医療福祉大学医学部公衆衛生学助教.

——まず，自己紹介をお願いします．

井上 井上哲郎です．ペガサスに入って2年半です．前職では，大きな飲食チェーン店の責任者の期間を含めて8年ほどやっていました．店の責任者になってからしばらくして，障害者採用に関わるようになります．さまざまな方を採用しましたが，結果的にあまりうまくいかず，それを機に障害をもつ方々の就労支援に興味をもつようになります．退職するにあたり，知り合いの方に紹介してもらいペガサスに関わるようになり，現在は利用者さんにアドバイスしながら，主に実習と就職活動のサポートをしています．

荒井 荒井夕貴です．私はペガサスに入って約1年半になります．

もともと大学時代から福祉の分野で学んでおり，いずれは就労移行支援の仕事に携わりたいと思っていました．大学卒業後，就労継続支援B型で知的障害と身体障害の方や，精神障害の方を相手に働いていました．6年間勤めたところで，就労移行の仕事に興味をもち，ペガサスに転職しました．

当初は現場の支援スタッフとして働いていましたが，2017年の3月からサービス管理責任者として，サービス全体の質のチェックや個別支援計画を立てたり，利用者から相談を受けたりすることを中心に，サポート業務を行っています．

全員で情報共有！ ペガサスのスタッフ体制

——今，何人の当事者の方をご担当されていますか．

井上 ペガサスでは，一人の利用者に対して，特定のスタッフが担当する「担当制」ではありません．私たちが所属する横須賀の事業所はスタッフが6人いて，ご契約をいただいている利用者さんは22〜23人．1日あたり15〜16人の方がいらっしゃいます．スタッフ6人ですべての方をサポートし，その利用者さんの状況によって担当するスタッフが変わります．たとえば通所をはじめたばかりや，訓練の段階のときは，内勤の訓練担当スタッフが受けもっています．実習や就職活動に関しては，外勤のスタッフがサポートします．業務によって分担するというイメージですね．横須賀の事業所の場合，6人のうちスタッフ4人が訓練や面談をサポートして，残りのスタッフ2人が実習と就職活動をサポートしています．

——スタッフで役割分担をした上で，通常大体何人ぐらいを一度に担当していることになりますか．

井上 今の利用者さんのなかで，実習や就職活動に向かって具体的に動いている方が大体7〜8名ぐらいいらっしゃいますので，その7〜8名の方を主に見ているようなイメージです．

——同時期に7〜8名も担当すると，だれがどういう状況だったのか混乱するこ

とはないですか．カルテやスケジュールのようなものを作っているのでしょうか？

井上 外勤のスタッフで1週間に1回ミーティングを行っています．「今週はどこの企業に連絡する」とか，「Aさんの今週の活動」といった情報共有をしています．

　ですが毎日のことなので，やっているうちに大体のことは頭に入ってきますね．わざわざ議事録などを見なくても，「この人は今日こういう状態だったから，明日はこの企業さんに連絡してね」と，一言二言で引き継ぎが終わってしまうので，苦労はしていないです．

　——荒井さんは，大体どのぐらいの人数を担当していますか．

荒井 井上と同じぐらいですね．私の場合はサービス管理責任者であり，全体の把握をする必要があるので，常に利用者さんひとりひとりがどのような状況なのか，体調面も含めて把握する必要があります．

　担当制にしていないメリットとして，スタッフ全員が利用者さんの状態を情報共有できる点があります．実際ひとりのスタッフだけに対応してもらってしまうと，利用者さん自身がそのスタッフに依存してしまう場合や，スタッフ自身がひとりで抱え込んでしまう状況がどうしても発生してしまう．スタッフ全員で全体をサポートしていくスタンスです．

児玉 みんなが見ているから，「ちょっとあの人，今日はこういう状態だね」と，小さな変化でも共有できるのですね．

　——自閉症の特性として，すごいこだわりをもつということがありますよね．そうすると，たとえば「この人じゃないとしゃべりたくない」というような利用者が出てきたりしませんか．

井上 「特定のスタッフがいい」とか，逆に「このスタッフはちょっとやりづらい」というお声は結構いただいています．ですが，ペガサスをご利用いただくときに「特定のスタッフは担当しません．面談などもなるべく同じスタッフが連続しないようにしています」と事前にお伝えしていますので，今のところは納得いただいています．

児玉 仕事をはじめるといろいろな人に出会うので，利用者さんにとってもひとつの勉強になりますよね．

井上 まさにその通りです．実際就職してからも上司や同僚の方が異動することは十分想定されます．そういった人間関係を一から構築していくことを，弊社のスタッフに対しても行ってほしいと，事前にお伝えしています．

　——井上さんが外勤，荒井さんが内勤ということで，お互いに情報共有をされていると思います．特に情報共有が役に立っている点はありますか．

荒井 利用者さんひとりひとりについて，今後の支援の方向性や課題を話し合う「ケース会議」という場を設けています．基本的に全スタッフが参加するので，その場で訓練の様子や，実習，面接などの様子を共有しながら，意見交換を行います．毎日の朝礼や終礼でもなるべく全員で情報共有をするようにしているので，「これ何だったっけ」とわからないままになってしまう状況はありません．

　——今までで，特に役に立った情報は何ですか．

荒井 実習の成果を聞くと，「ここまでできているな」とか，「こういうところの報告や相談もできているんだ」という進捗がわかります．実習の場というのは仕事を体験する場でもあるので，その情報を基に「ペガサスでここを支援したら，もっとよくなるのかな」と参考になるので助かっています．

　——井上さんは内勤の方のお話を聞いて，役に立ったことはありますか．

井上 外勤スタッフのことを社内では「企業開拓」と呼んでいるのですが，企業開拓のスタッフはほとんど毎日外出をしているので，利用者さんの日々の訓練の様子が分からないんです．そのようなときにケース会議で取り組みの状況を聞くことで，実習先の企業に，「作業を正確にできる人です」とか，「結構ケアレスミスをしてしまうんです」などと説明できるので，情報共有の場は結構大切にしています．

児玉 スタッフ間の結びつきが強いのですね．

井上 それはあるかもしれないですね．常日ごろ，どこでもなるべく情報共有していますから．

自分の障害を理解し伝える

　——当事者ひとり当たりどの程度の期間，サポートをされていますか．

井上 法律の制度上，就労移行支援事業所は最長で2年間しか利用できないという制限があります．実際には大体皆さん1年から1年半で就職されています．もちろん2年ぎりぎりで就職できたという方も当然いらっしゃいますが．

　——制度上，2年間OKだったら，「まだ期間が残っているからもったいない．2
　　年間丸々使いたい」というような利用者の方はいらっしゃらないですか．

井上 すぐ就職活動できる方や，もう働く準備ができているという方はあまりペガサスをご利用いただかないので，面と向かってそういう話はあまり聞かないです．働きたい気持ちはあるのだけれど具体的にどのような仕事をすればいいかわからない，働きたいけれどもまだ動けない方が，訓練や実習を経て自分の将来の道を少しずつ見つけていくことが多いので，やはり時間はかかりますね．実際に1年とか1年半経っても，まだ自分で将来の方向性が見つからないと苦しんでいる方もいらっしゃいます．

第5章　就労支援の現場の実際とは——61

—— 2年かかっても足りない方はどうするのでしょうか？

荒井　原則2年間なのですが，各自治体によっては1年間延長できるところもあります．しかし基本的には延長はできないものなので，こちらとしても2年間でなるべく就職できるようにサポートはしているつもりです．とはいえ，ご本人としてもやはりなかなか思うところまでいけないという状況もなくはないので，その際は次の支援機関につないでいます．

　利用者さんが卒業した後，どこにも行く場所がないという状態だけは絶対つくりたくありません．安心できる状態をつくるところまではサポートしていくようにしています．

——次の支援機関として，どのようなところが多いのですか．

荒井　横浜市ですと，たとえば就労支援センターや，地域活動ホームです．

井上　過去の例だと，地域の就労継続支援A型事業所や就労継続支援B型事業所に通所される方が多いですね．

——就労支援をするにあたってどのような思いで何に配慮していますか．

井上　ペガサスには職員の行動指針があり，中でも「リスペクト」という表現をとても大切にしています．訓練や実習をやっていくうちに，利用者さんの中にだんだんと自分のやりたい仕事や進みたい方向が出てきます．その度に利用者さんはさまざまな選択や決断をしなければならない場面に直面します．支援者の私たちはどうしてもその時に「こういう仕事のほうが向いているのではないか」と言いたくなる．ですがその言葉を我慢して，利用者さんが一生懸命考えた上で決断し，選択したことを尊重する．スタッフとしてそのことをすごく大切にしています．

——利用者さんが選択できない場合はどうされているのですか．

井上　選択をできないと悩まれる方には，選択肢を複数用意して説明することもあります．

　働いている人からすると感覚的になんとなくわかっていることであっても，就労経験が短いとイメージしづらいことがあるのです．たとえ話や，自分の過去の個人的な経験など，わかりやすく具体的にお話し，細かく理解してもらえるよう補足説明も多く加えています．

荒井　私の場合は直接利用者さんとかかわることが多いので，まずはその人がどういう特性をもっているのかに気を配ります．発達障害と一言で言っても，その特性はさまざまです．はじめて利用していただく際に面談をするのですが，その際にどんな背景でどんな生活をしてきたのか，実際にどんなサポートをしてほしいのか，利用者さんご本人の話を聞いていきます．やはり一番大切なのは「利用者さんがどうしたいのか」．それを聞き取った上で，何ができるのか一緒に考えていく方法で

62——第Ⅱ部　職場の発達障害サポートの現場

サポートしています．こちらから「これをしてください」と言うよりは，「どのように方法を変えればできるようになるだろう」と，一緒に考えて実践していくよう心掛けています．

　——利用者さんから相談を受けて一緒に解決策を考えていく事柄には，特にどういうものが多いですか．

荒井　利用者の中には，感覚の過敏に悩む方が多いのです．たとえば聴覚が過敏なため音が苦手で，その場にいられず集中ができないという利用者がいたり，まぶしさに過敏な方がいらっしゃる．ですが仕事をする上で，「感覚の過敏が原因でその仕事ができません」というわけにはなかなかいかない．そこでまずは利用者さんに意見を出してもらい，試行錯誤しながら解決策を考えています．たとえば聴覚過敏であれば，この位置ならば音が気にならない，移動して気分転換すれば仕事ができるといったことを挙げてもらい，ひとつひとつ実際に試し，効果を調べていきます．自分のストレスの具合によって，その効果が出るときも出ないときもありますので，「こういうストレスの具合だったら，この方法を試してみましょう」と提案します．

児玉　何ができないのかではなくて，どうしたらできるのかを考えていくんですよね．ペガサスにいらっしゃる方は，「できない人だ」と今まで言われ続けて，排除されてきました．ここではスタッフの人から「これだったらできるんじゃない？」と，可能性を見つけてもらえる．そういった場所はなかなかないので，「はじめてそういうことを言ってもらった」と利用者さんは思われるんじゃないでしょうか．

荒井　そうですね．ペガサスのプログラムのひとつに「自己理解講座」があります．まずは自分の特性を知り，どのように対処していくのかを考えてもらいます．最終的には会社の方に説明できるようになる段階まで進みます．この講座では，自分がどういうことが苦手で得意なのか考えてもらう機会があるのですが，それをきっかけに「今はこの状況だから，こういう対処をしてもいいですか」と，自分の中で整理して話ができるようになった方もいらっしゃいます．

児玉　よいところもわかるのは，すごいですよね．

　——自己理解というのは，どのような手順で行うのですか．

荒井　たとえばストレスや，睡眠，服薬に関してなど，まず自分の障害について知ることも自己理解講座のプログラムの中に含まれます．講座ごとにテーマを決めてワークシートに取り組んでもらい，それによって自己理解を深めていくプログラムになっています．

児玉　だんだんと状態がよくなってきたと，目で見てわかるようになっているのですか．

荒井　たとえば「何となく自分は暗い環境のほうがリラックスした状態でいられ

る」など，改めて掘り下げることによって知ることができます．

　自分を掘り下げる中で，フラッシュバックが起こる方もいらっしゃいますので，最初は様子を見ながら取り組んでもらっています．

　——フラッシュバックが起きてしまったときは，どのようにされているのですか．

荒井　基本的には，その場から離れてちょっと休憩していただきます．

　——利用者さんの中には，自分の特性に気がついていない方も多いのでしょうか？

井上　最初のころは自分は何ができるのか，これからどうすればよいのか，ほとんどわからない状態で入ってくるんです．でも，1年から1年半経って実際に就職活動をするときには，ほとんどの方が「私はこういうことが得意です」「明るいところが苦手です」「部屋の四隅や，目の前が壁の席がいいです」と，自ら伝えられるようになっています．自己理解が深まったことによって，自分で説明ができる段階にまで行くことができたのだと，成長を感じます．

　——就職されても，就職先で「こういう特性なので配慮をお願いします」と，ご自身で説明ができるようになっているわけですね．

井上　そうです．利用者の方が面接を受けるときには私たちも横にチョコンと座っているのですが，ほとんどしゃべる機会がなく，一般的な面接は利用者の方だけでされています．「会社としてはどういう配慮をしたらよいですか」と最後に会社側から聞かれることが多いのですが，ほとんどの利用者さんが「具体的にこのようにしてほしい」とか，「こういう配慮があったらいいな」と自分でお話しされています．

　——特性として，コミュニケーションが苦手な方もいますよね．そのような方も，コミュニケーションの訓練をして，面接でも自分を説明できるようになれるのでしょうか．

井上　弊社のプログラムを受けてコミュニケーションが劇的に変わることはそんなにないとは思います．どちらかというと，上司や同僚に自分の体調のことや，仕事のやりやすさ／やりにくさを伝えられるとか，あるいは仕事上の連絡や業務の進捗など，仕事のことを自分で伝えられるかどうかに重きを置いています．業務上のことであれば大体皆さん，自分で伝えたいことはお話されています．

　——そういうことを伝えられる力は重要ですね．

児玉　自分でできるんだという自信につながっていくのでしょうね．

井上　ペガサスの訓練である程度こういうことを話せばよいのだと学んだ段階で，必ず実習に行ってもらっています．私たちスタッフは事前の顔合わせと，初日に一緒に行くだけで，あとは「よろしくお願いします」と言って帰ります．突然ひとり

で業務をすることになり，コミュニケーションが必要な場面や，自分でちゃんと伝えなければいけない状況が発生します．そのような実習を何度か経ていくと，皆さん必然的に自分でしてほしいことをお話しできるようになっていきます．

就職後の定着支援

——こういうお仕事をされていて，どういった部分でやりがいを感じますか．

荒井　訓練やプログラムに取り組んでいただき，次第に成長が見え，いつの間にか最初の頃と比べて変わっていく姿を見たときに，すごくやりがいを感じます．

井上　就職してからの定着支援をする中で，会社の方や就職された本人が，「仕事が楽しい」とか「この職場はすごく合っている」と達成感を持って話してくれたときにはうれしいなと思います．

——就職されたあとは，どのぐらいの頻度で利用者さんとお会いになるのですか．

井上　そのときどきの状況によって異なります．頻繁に行くときは月1回，特に問題がなければ3〜4か月とか半年に1回です．

——頻繁に行かれる方というのは，利用者さんが会いたいということで行かれるのですか．

井上　就職された利用者さんが希望する場合もありますし，会社が「最初の1年間は毎月来てほしい」と希望することもあります．私たち支援員が利用者さんの会社にそれぞれ提案する場合もありますね．

——利用者さんとお会いになって，どのようなことをお話しされるのですか．

井上　体調のことも聞きつつ，一番は仕事が充実しているかどうかですね．仕事の達成感や充実感と，職場の同僚や上司の方との人間関係ができているかを聞きます．言いたいことを伝えられているか，自分がやりづらいなと思っていることを言えているのか．本人だけではなく，会社側のほうでも言いづらいことがあったり，伝えていいのかわからない場合もあるようです．会社と本人の双方が，お互いに伝えやすい環境であるのかはみています．

——利用者さんのお話と会社側のお話が一致しないこともあると思うのですけれども，そのようなときはどうされているのですか．

井上　私たちは利用者さんの支援者ですので，なるべく利用者さんが不利にならないような状況を第一に考えます．ただ会社側がお話しされていることも，一般常識的にはごくごく当たり前のことだったりします．その場合は利用者さん本人に，会社はこういうことをお伝えしたいのだと，言葉の表現を変えたりしながらわかりやすいように話しています．私たちがよい／悪いと物事を判断することなく，会社と本人がなるべく面と向かってお話しできるような環境づくりをしています．

——具体的な例として，どういうものが多いですか．

井上 1年ぐらい前に就職された発達障害の方の話です．その方は手で触れられるものと触れられないものがあり，環境やほこりなどに対してもアレルギーをもっていたんです．介護事業所の内部の清掃の業務をすることになり，最初はとても楽しくやっていたのですが，アルコールや雑巾に触れる中で体に変化があって，仕事がつらくなってしまった．会社側としては極力今の仕事を続けてほしいということだったのですが，本人は仕事をやめたくないけれども，アレルギーがつらいので今の業務はやめたいと悩んでいました．

私たちは双方の話も聞きつつ，ほかの介護事業所では清掃にどういうものを使っているのかを調べ，なるべく具体的に本人が仕事のしやすい環境，ツールや特殊な手袋などをご提案していきました．今は道具を使ってもらっていて，体のアレルギーの反応などもなく，仕事ができているそうです．

——支援員の方が介入することで，会社側も利用者の状況に対して気を遣わなければならないと理解できたのでしょうか．

井上 そうですね．もともと入社される前に実習を行い，体のアレルギーなどについて事前には理解していただいたのですが，細かいところでお伝えできない部分もあったので，入社して新しい業務がどんどん増えてくると，この洗剤は駄目なのだとか，こういう環境はよくないのだという，細々とした問題が出てきますよね．もともと準備してある手袋や雑巾，掃除機だと駄目だということになると，会社側としては代案が思いつかなくなってしまいます．そういうときに，私たちはさまざまなケースを見ているので，提案できる点も多いと感じています．

児玉 継続的なフォローがあるのかどうかで，仕事を続けるか続けないかに大きな差が出てくるのですね．

——統計などを見ますと，就職はできたのだけれど続かない方が一般の平均よりも結構多いですよね．

井上 仮定の話ですが，もし弊社がなかった場合，会社側としては「やってください，ツールはこれだけです」と一方的に任せるだけ，本人としては「その業務はやりたいけれど体質的につらい」と訴えるだけで，双方それ以上話が進まない状況になっていたでしょう．こうした状況は別のケースでも起こり得るので，第三者が介入してお互いの話も聞きつつ，一緒に解決策を考えていくことが大切だなと思います．

——でも，就職してからずっとそういうサポートができるわけではないですよね．

井上 そうですね．これは事業所によって異なるのですけれども，横須賀の場合は基本的に6か月，新横浜の場合は今のところ3年の期間を設けています．

—— 6か月という期間は，やはり短く感じますか．それともちょうどよいのでしょうか．

井上 6か月経って，私たちが訪問すると，「特に問題はないですよ」と，話が15分ぐらいで終わってしまうところもあるんです．会社によっては，上司や同僚の方，先輩の方が定期的に本人と面談をしてくれて，「特に問題はないですよ」「実は先月こういう話があったんですが，会社のみんなで対応しているので大丈夫です」とすぐに訪問が済んでしまうこともあります．

—— では，ほとんどの場合は6か月で十分ということなんですね．しかし，6か月では足りない人もいると思うのですが，その場合はどのような点に問題があるのでしょうか．うまくいっている場合とうまくいっていない場合との違いは何だと思いますか．

井上 うまくいっていない方は，本人が働きづらい環境に置かれています．たとえば仕事が少なかったり，上司や同僚に対して自分が本当に思っていることを言えなかったり．なるべく本人が話を聞いてもらえるようになっていればいいのですが，会社と本人とのコミュニケーションが足りない場合が多いです．

児玉 就職してからのフォローというのは，ほかの就労支援事業所でも行われているのですか．

井上 はい．就労移行支援事業所の場合は，制度上，6か月間はサポートすることになっています．7か月目以降に関しては，地域の支援機関に引き継ぐ制度があります．

—— 6か月間で足りない人は地域の支援機関に移行するとのことですが，そちらのほうではうまくいかないということもあるのでしょうか．

児玉 さっき3年フォローする場合もあるという話がありましたが，ペガサスさんの方針で，フォローが必要な期間を決めていらっしゃるんですか．

井上 そうです．地域によっては，そこの支援機関だけでは手が回らないという現実的な問題もあります．そうなると，7か月目以降の利用者さんを支援機関に引き継ごうと思っても，現実的に引き継げない．利用者さんにとって支援機関がなくなってしまうことになりますので，その場合はペガサスでご支援を続けさせていただく地域もあります．

就労支援の大変さともどかしさ

—— 支援をしていて，大変だなと感じることはありますか．

井上 たとえば利用者さんが突然体調を崩すと大変ですね．特に実習では利用者さんの希望をうかがってから，実習先の会社に連絡してご紹介します．しかしその過

第5章　就労支援の現場の実際とは——67

程で体調を崩してしまうと，あらかじめ計画していたことが潰れてしまいます．その連絡調整などでバタバタしますね．

——体調を崩す方というのは結構多いのですか．

井上　通所できなくなってしまうレベルになる方はそんなに多くないですが，たまにいらっしゃいます．

それから定着支援の部分でも時間を割いています．利用者さんが「会社にこういうことをされたから辞めたいと思っている」などと相談してきます．そうした相談は突然なことも多いです．

荒井　私もやはり，人との関わり方の部分で大変だと思うことはありますね．発達障害の中でもさまざまな特性をもっている方がいらっしゃるので，それぞれで関わり方も変わってきます．話をしていてもなかなか伝わらなかったり，違った解釈をされたり，思うように言葉を返せなかった場合に，相手が落ち込んでしまうこともよくあるんです．意思の疎通がうまくいかない状況が続いてしまうとつらいですね．相手が何を考えているのか読み取れない部分がある中で会話をするのは，すごく難しくて大変だなと感じます．

それから，就職活動をしている利用者の方が，どのようにすれば企業に対してわかりやすく自分の考えを伝えられるかも気にしてしまいます．なかなか企業に伝わらない時もあり，もどかしく感じますね．

井上　就職活動では，利用者の皆さんがいろいろと自分が働きたいと思う求人票をもってきてくださいます．応募する分にはたくさん受けたほうがよいとは思うのですが，たまに複数の会社から内定をいただいた場合に，どの会社を選べばいいのか悩むことはあります．

また，よかれと思って利用者の方に「あなたに合っているんじゃないですか」とご提案することもあるのですが，そこで断られてしまったりすると，ちょっともどかしく思います．支援者から見て合っているのではないかと思っていても，本人にとっては全然興味がなかったり，「違うな」と感じる場合もあるのです．

たとえば横須賀の方に，地元で通勤しやすく，業務的にも向いている仕事を提案します．ですが，利用者さんは全然興味を持ちません．「都内に行きたい」「オフィスビルで働きたい」と通勤に時間のかかる企業を選ぶ方もいます．これから10年，20年と働いていくわけですから，通勤時間が長くてフルタイムの仕事に就き，余裕のある時間をほとんどつくれない状態になることは，ご本人にとって本当によいことなのか悩んでしまいます．最終的には，利用者さんの希望を尊重してはいるのですが……．

——通勤時間が例として挙がっていましたが，そのほかの不安要素はあります

か？

井上 働く場所が複数あり，業務によって職場を移動する人材派遣のような求人には不安を感じます．給与面の条件がよいので，利用者さんにとっては魅力的な求人なのです．ですが自分の障害特性を理解してくれる方がどの事業所にもいるわけではありません．職場を移動するたびに関係性を築き，一から説明しなければいけない．利用者さんが自分で全部伝えられるのであればよいのですが，自分では説明しづらい方が複数の事業所で働くことになると，こちらとしては不安になります．

——そのように，向いていない職場を選ぼうとしている場合には，助言をされるのですか？

井上 はい．「行った先で，相手があなたの障害特性を理解されていない可能性は十分にありますよ．そういうときには自分でお伝えすることができますか？」「新しく行った先で業務を教わったときに，できるかできないかを正しく伝えられますか」とお話しします．

——説明すると納得してくれる場合が多いですか？

井上 割合で出すのはちょっと難しいですね……．あくまで自分の希望に沿うようにしたい方もいらっしゃいます．スタッフの説明を受けて，納得する方もいらっしゃいます．

——そのほかに何か，不安に感じていることはありますか．

井上 私の立場上，ほかのスタッフが利用者さんにどう対応しているのか気にしています．スタッフの一意見が強制的に聞こえないか？　スタッフの意見を押し付けていないか？　はいつも不安に思っています．利用者さんに対してどのような提案をするのかは，スタッフ全員の会議で事前に決めているのですが，どうしてもそこでは決められない細かい問題が出てきます．そういったときに，スタッフの一意見で押し通していないか気をつけています．

——何人かのスタッフでひとりの利用者さんを担当するとなると，担当される方によって違う意見を言うようなことも起こるのではないでしょうか．そういう場合はスタッフ間のミーティングで調整するのでしょうか．

井上 事前に想定していない質問について，スタッフそれぞれの過去の人生経験や，個人の感覚でお答えしてしまう場面も多々あります．しかし，利用者さんそれぞれの就職の方向性にかかわるような話であれば，あまり回答はせずに，一旦スタッフでもち帰り検討するという形で対応しています．

ペガサスに入って気付いたこと

——今，実際にペガサスでお仕事されてみて，働きはじめる前に思っていたこと

とのギャップを感じた点や，びっくりしたことはありますか．

荒井 高校と大学で福祉について学んできたのですが，実際の現場で人と接してみると，人それぞれ状況が違い，決まった正解がないことを感じます．「本当にこの接し方や支援でよいのかな？」と迷うこともあり，自信をもって「これでいいんだ」と言えないところもあるので，そこが福祉の難しいところだなと思います．

──利用者さんから学ぶという感じですか．

荒井 そうですね．研修で学んだことも，実際には通用しないことが多かったりします．「本当にこの方向で合っているのかな」と考えつつ，それぞれの利用者さんの反応を見ながら接していき，勉強していく毎日ですね．

──井上さんはどうですか．

井上 前職ではあくまで雇用する側の立場でしたので，「この人はレジを打てるかな」とか，「正確にお客さんの注文を聞けるかな」とか，「商品を正しくマニュアルどおりに作れるかな」とか，そういうところだけを見ていました．出勤もシフト制なので「1週間，決まった時間内にちゃんと来られるだろうか」と，当然，職場に来ることが前提で考えていたのです．

ペガサスに入ってみて，通所できない方がいることにまず驚きました．模擬オフィスに週3回来るだけでいいのですが，それでも来られない方がいます．前職ですと，来られなかったら当然働けないので，雇用の継続をせずに終わっていました．しかし，今は支援する立場なので，なぜ来られないのかの背景を探るようになりました．

──発達障害を理解していない方にとっては，出勤するのが当たり前で，それが働くことの前提条件になっていると思います．働けない場合にどうサポートしたらよいのだろうという考えにまで及ばない職場の方も多いのではないかと思うのですが……．

井上 前職のときは，マニュアルどおりに働けないことに対して，対応のしようがありませんでした．「マニュアルを見せて，研修で教えているのにできない．この人はやはり働けないのだ」と判断し，雇用の継続をしていませんでした．

ペガサスに入ってからは，その「なぜ理解できないのだろう」というところで終わらせず，「この人は視覚優位なのかな」「どちらかというと口頭でお伝えしたほうがよいのかな」と，より具体的に考えています．たとえば時間の感覚について，「10分間こういう仕事をしてください」と言っても，その10分間が感覚としてわからない方がいらっしゃるんです．でも，同じ10分働くにしても「何時から何時まではこういう仕事をしてください」と表現を変えて伝えるだけで，仕事ができるようになる人もいます．そういうことをペガサスで学んでいるので，「あの人には

ああいう言い方をすればよかったな」と前職を思い出すことも多いです.

　利用者さんが就職した後に，現場の上長の方とお話する機会もあるのですが，中小企業ですと障害者雇用がはじめての職場が多いので，自分の経験も交えながらわかりやすく伝えることも心掛けています.

　——会社のアンケート調査をとると，「障害者枠で雇ったとしてもしてもらう仕事がない」と回答する方が結構多いですよね. そう答えた方々の中には，どのようにサポートしたら働けるようになるのか分からない方も多いのかもしれません.

児玉　ペガサスのような活動が，社会全体にもっと知られたらよいと本当に思います. 今までだったら家にこもりきりで仕事ができない状況だった人たちを，お金を稼ぎ，税金も納め，社会に飛び立てるように援助している人たちがいることをもっと知る機会があるといいですよね.

井上　関わっている発達障害の方で，手で書くのが苦手な方がいるんです. 本人いわく手書きだと誤字・脱字がどうしても出てしまうと. 今働いているところは介護の現場なので，利用者さんの通所や，自宅から仕事場までの同行がメインなのですが，書類を手書きすることも多く，訪問するたびにサインを書くこともあるのだそうです.

　本人はパソコンがすごく得意なのですが，報告書類は手書きでなければいけないので，困っていた時期がありました. そこで定着支援として，会社の担当の方と，本人と，私とで話しながら，なるべくパソコンでできることはパソコンでやろうとする方針を固めました. 現在は報告書のフォーマットなど，事前にパソコンで用意できるものは用意していただいて，なるべく手書きが少なくて済む環境になっているようです.

児玉　誤字・脱字が多ければ，上司から低い評価を受けてしまいますよね. ですが，その人はパソコンを使えば全部できるのです. できるのにできない評価をされている. やり方をひとつ変えれば，ちゃんとできることに気が付いて話し合ったのは，その人の人生観も変わる大きなことですよね.

井上　就労して半年ぐらい経った頃に，本人から「実はずっと思っていたんだけど……」と話されてはじめて気づいたんです. ペガサスにいたとき，誤字・脱字があって手書きは苦手なのかなとは思っていたんですけれど，そんなに表には出なかったんですよね. 会社も別に「あ，そうだったの」というぐらいの反応だったのですが，実は本人はすごく苦手意識があったそうです. 報告書は写しになっているので，書き間違いはなおさらできないということで，表に出さず捨てた写しも結構あったみたいです. 本人もさすがに半年間も写しの報告書を無駄に使ってしまったことを申し訳なく思い，はじめて話してくれました.

――世間一般からすると，「手書きができない」と言われても「何で？」と思われるかもしれません．その時点で「仕事ができない人」とみなされてしまうと思うのですが，パソコンでなら仕事ができるのであれば大丈夫ですよね．

児玉　「手書きが苦手」ということが一般的に理解されるかといえば，やはりなかなか難しいように思います．でも話してもらえれば「ああ，そうなんだ．ただそれだけのことだったんだね」と納得できますよね．

井上　半年言い出せないくらい，本人にとっては大きなことだったんです．世間的にみればもしかしたら小さいことかもしれないけれども，本人にとってはすごく大きな悩みだった．そのことに気が付くと，私自身にとっても勉強になりますし，やりがいを感じますね．

児玉　その人の人生や将来に関わることですから，本人も見つけてもらってすごくうれしかったでしょうね．

荒井　そのような悩みを会社でうまく伝えられない方がいて，もう少し工夫したら本人も力を発揮できるのにともどかしく感じることもあります．

　たとえば，地図に「この角を左に曲がって」と書いてあっても，自分の立ち位置や地図の向きによってどっちに曲がればいいかわからなくなってしまう．地図上に「目的地はここです」と下向きの矢印が書いてあるのを見て「ひとつ下の階という意味かな？」と読み取ってしまう．このように，表示の仕方によって捉え方を誤ってしまうことがあります．

　会社としては「そうならそうと言ってよ」と考えるかもしれませんが，そういったことをうまく本人が伝えられないことがあります．ペガサスでは，自分のことをちゃんと理解し，自分でわかりやすく会社に説明できるような訓練をしています．そうすれば会社の方も「こうすればちゃんとできるんだ」とわかるようになると思うので，そうした支援をこれからも力を入れてやっていきたいです．

児玉　「本人自身の見立てとして思っていることがあっても，支援者の方からはそのようにはみえない．その差がすごくある」と，ある利用者の方が言っていました．本人は「できない」と思っている一方で，支援者のほうは「いや，ずいぶんできるんだよ」と思って見ている．お互いからの考えをすり合わせたときにはじめて，自分の認識がちょっと違っていたなとわかるというんです．

　きっとここに来て，いろいろフォローしてもらう中で，「あ，自分ってできるんだ」とか「やれるんだ」と，気づく人も出てきます．

支援ツールについて

井上　本人ができると思っていることと，周囲ができると思っていることにギャッ

72——第Ⅱ部　職場の発達障害サポートの現場

プがあったとき，どう対処するのか．

　たとえば，本人ができると思っていても，周囲からは難しいと思っていることがあったら，実習で実際にやってもらう．逆に周囲ができると思っていても，本人はやったことがないことであれば，自信をどう引き出していくのか考える．本人も周囲もできないと思っている場合は，環境を変えてみる．そういった表を会議の時にみて，本人に提案していこうとしています．

　——他人からみた理解と異なっている場合の気づきが重要ですよね．

井上　また，「就労準備性ピラミッド」というツールも利用しています．よく利用者さんに「どこまでできれば就活ですか」「どこまでいければ実習ですか」と聞かれることがあります．そこでピラミッド状の図を提示して「ここが大事ですよ」などとお伝えしています．

　——上にいくほど就職できます，ということですか．

井上　そうですね，働く上では最低限この5段階が必要だという指標です．特に土台の下2つは，利用者さんが自分で管理していくことだとお伝えしています．ペガサスのサービス上，下2つの具体的な支援はできないのですが，3つ目からは十分にサポートできる部分です．特に下から3番目と4番目に関しては，実習や訓練で見ていけます．

　——大体の利用者さんは，最初の時点ではどの部分にいらっしゃるのですか．

井上　下2つに関しては，だいたいできている方が多いです．

　——ペガサスさんでは，どのようなツールを使っているのか教えていただけますか．

荒井　自己理解のためのワークシートのほか，「ナビゲーションブック」も使っています．

　ワークシートは簡単でわかりやすい自分説明書のような内容で，作業面，コミュニケーション面，思考・行動面の3つの分野で，自分のセールスポイント，苦手なことに対しての対処方法などを書いています．最終的には就職先の企業に持っていきます．

　また，ナビゲーションブックでは，自分にどういう特徴があるのかを示す発達障害特有の特性のチェックシートも使います．たとえば，「こういう事情で席を外すことがありますので，ご了承いただければ」と会社へお願い事をするときなどに利用します．

　——今回，RIOMHのツール（第Ⅲ部等参照）を試しに使っていただいたのですけれども，調査結果のフィードバックをご覧になって，当事者の方のためになると思いましたか．抑うつに関しては，症状があればどの程度なのかも点数化され

るので，高ければなにかサポートをした方がよいのではないかと判断できます．あくまでもスクリーニングであり，診断の代わりになるというものではないのですが……．

井上 どのような場面で使うのかにはまだ検討の余地があると感じていますが，主治医の方にお伝えする際にひとつの指標になりそうだなと思いました．定着支援においても，利用者さんに定期的に取り組んでもらって，その変化を知るのも効果的だと思います．

——利用者さんではないので，また受けとめ方も違うと思うのですが，試しにやってみて，新たな発見などはありましたか．

井上 数字で自分の状態がわかるのは重要だと思います．自分の状態が何かしらの目に見える情報として出てくることはあまりないので，数字という見やすい形になるのは大きいですよね．

荒井 私自身もやらせていただいて，少しストレスがあるという結果でした．自分では大丈夫だと思っていたので，客観的にみることができ勉強になりました．現在ペガサスでやっていることは自分で考えてもらうことがメインなので，このような客観的な結果として，「あなたの状態はこう」と示すものがないんです．そういう意味では参考になりそうですし，効果が出るようであれば活用していきたいです．

児玉 利用者さんにとってよいツールであるのはもちろん，支援者さんにとってもよいものであるのが理想ですよね．

井上 支援者がこのツールをどう使っていくのかについては，もっと議論していきたいなと思います．

児玉 本人は元気だと言っていても，本当はすごくストレスがあることがわかったりします．そういうときには支援者も注意して接することができるし，本人も自分の目で見て「自分は今こんな感じなんだ」とわかる．利用者と支援者がうまく使っていけるといいですね．使う時期や回数，どのようにフォローするのかはこれから考えなければいけないですが……．

井上 利用者さんだけにフィードバックがあり，私たちが結果を知らない状況だとツールとしての意義や目的は少ないと思います．

——私も利用者さんと支援者の両方が結果を知っていたほうがよいと思います．一見元気そうなのに，ツールを使った結果，ストレスがたくさんかかっていたと判明することもありますよね．

児玉 傍目からは仕事ができているように見えても，同じ仕事をしている仲間と比べて自己評価が低いということが，こちらのツールからはわかりますよね．そういう結果を受けて，自信をもたせられるように言葉をかけたり，フォローしたりでき

るようになるとよいのかなと思います．

荒井　医療機関や，ほかの相談機関にもその結果を共有することによって，利用者さんへのサポートへ密接につながることができるという点では，このツールは使えるかなと感じます．

――今までお聞きしたこと以外で，世間の方に知ってほしいことはありますか．

井上　具体的な働き方や働く環境さえ十分にサポートできれば，発達障害でも仕事ができて優秀な方は非常に多いです．自分のアピールポイントがわかっていなかったり，配慮してほしいことを具体的に言えないのですが，皆さん働きたい気持ちも，能力もあります．そこで，私たちがそうした皆さんの考えを言葉にしたり文字にしたり，あるいは皆さんそれぞれが言葉にできるようにサポートしています．

荒井　「発達障害」という名前は世の中に知られつつあるのですが，発達障害そのものについては理解が薄い現状があると思います．会社側からすれば発達障害についてどのように学んでよいかも，どのように接したらよいかもわからないのではないでしょうか．まず利用者さんが自己理解をしっかりと深めて，会社のほうに「自分はこういう障害なんだ」と説明できるようになるのが大切だと思っています．そうすることで，利用者さん自身も働きやすくなりますし，会社の理解も深まり，対策することも可能になるでしょう．私たちとしても，支援を続けていく中で発達障害の特性を世間に広めていきたいです．

　私が以前かかわった会社では，利用者が入社するたびに職員全員を呼んで，発達障害の特徴を会社側が説明していました．会社内でも職員の出入りがあると思いますので，この会社のように「こういうタイプの人はこういう特性だ」と定期的に説明を受ける機会が設けられてほしいと思っています．そうした社内教育の場に，支援スタッフが出向き，啓蒙・普及活動ができればと考えています．

　入社した当初は，会社の担当者が発達障害について理解してくれていた．しかし担当が変わってしまい，障害について引継ぎをされなかったことで，働けなくなってしまったケースもあります．

児玉　社内に産業保健職がいた場合は，そのような役割を担うことができると期待しています．しかし現状では，理解の場がないですし，支援団体と産業とが全然つながっていない．私も宮木先生から話があって，恥ずかしながらはじめてこの活動を知りました．もっとさまざまなところで，この活動が周知されることを願っています．

　このあいだ，「発達障害の人は働きたいのだ」と言われて，ハッとしたんです．働けないからここに来るのではなくて，働きたいから来るんですよね．働きたくてここに来た方に，「まだあなたは準備不足だよ」と言って帰ってもらうのがすごく

悲しいと，働きたいとみんなが思っていることを，世間の人はまだあまりわかっていないのではないかなと，私もすごく勉強になりました．

　——私も生の声を聞かせていただいて，大変勉強になりました．長い時間，ありがとうございました．

インタビューのまとめ

・支援者はひとりで抱え込まない．情報共有する支援者チームと当事者の人間関係を作ってゆく．
・当事者の方の自己理解が重要——当事者がどうされたいのかを聞き取った上で，何ができるのか一緒に考えていく方法でサポートする．
・当事者が「私はこういう特性なので配慮をお願いします」と，自身で説明ができるようになることを，ツールなども使って支援する．
・具体的に環境を変えてゆく——誤字・脱字が多ければ，パソコンを使えばできる．やり方を変えることで，「できない人」と言われ続けた人の人生観も変わる．
・当事者への「リスペクト」が支援者の合言葉．

コラム1 「自分のトリセツ」
──いわゆるグレーゾーンの方への
非営利ワークショップ例

　社会の中で発達障害を考えるとき，いわゆるグレーゾーンの方（はっきりと診断がついているわけではないけれども，その特性があると自覚していたり，周囲の人から指摘されていたりする人）の話を聞いたことがあると思います．

　当事者団体や支援者の方々からもそうした方のお話しはよく聞きますし，皆さんの周りでも（あるいはご自身の問題として）グレーゾーンと思われる場合の対処法に悩んでいる方はいらっしゃるのではないでしょうか．

診断ツールのグレーゾーンへの応用

　自閉症スペクトラム症（ASD）と注意欠如多動性障害（ADHD）の2軸評価は，都内のクリニックやリワーク施設でも臨床応用が進んでおり，特性を視覚的に自覚してもらうことに加え，支援する側の医師やリワークスタッフも特性を踏まえて助言やサポートを行うことで，円滑な職場復帰と再休職予防に効果を感じていますが，医療機関への通院が必要な方だけでなく，上記のようなグレーゾーンの方にも役立つ取り組みが当事者の発案などを元に草の根レベルで行われていますのでご紹介します．

　まだ計画段階ですが，本書でも紹介している発達障害の傾向を視覚的に自覚してもらう「発達障害2軸評価ツール」（http://riomh.umin.jp/contact.html）を使って，治療を受けるほどではない方も含めて自分の特性を把握するための自分の「取説」（取扱説明書）作りのワークショップが計画されています．

　当事者グループのリーダーで看護師でもある方のご意見をもとに，本ツールが「医療機関にかかるほどではないが悩みを抱えている人」の生きづらさを軽減するような「自分の取説」作成に役立ちうるのではないかということで企画されたワークショップです．

自分の理解を支援する／自分を説明できるようになる

　発達障害といっても ASD 傾向が強い方，ADHD 傾向が強い方，あるいは

両方が強い方など，特性はさまざまです．RIOMH（リオム）の発達障害2軸評価ツールを使えば，自分がどちらの傾向がどのくらい強いのかが視覚的にわかり，それに応じたソーシャルスキルを身に着けたり，周囲に配慮を求めることがやりやすくなります．

また感覚過敏や苦手なことを記入していく過程で明確に自分の特性を意識化することに繋がりますし，まだ確定診断を受けていない方にとっては専門家のいる医療機関で診断を受ける際に医療者側の参考にもなります．

個人結果票（フィードバック）はご自身や医療従事者だけでなく，支援してくれる身近な人や職場の関係者（産業医や産業保健師，上司や同僚など）からご自身の特性に応じた助言や配慮を受けることにも活用できるため，自分の「取扱説明書」作りの骨格として活用いただけるのではないかと期待しています．

従来は印刷した調査票を手渡し，一度持ち帰って記入してもらったうえでもってきていただき，それをスタッフがボランティアで入力して点数化アルゴリズムに沿って手計算していたため，結果が出るまでに時間がかかることや入力ミス・計算ミスが課題となっていました．そうした時間のロス・各種ミスが最小限になるような工夫が進められて，今ではインターネット上で受検する（スクリーニングテストを受ける）ことができるようになってきています．

RIOMHの2軸評価ツールをウェブ受検できるようにしたGoogle Form画面例

自分を変えるのではなく

　職場で自分の本質的部分を変えようとして無理をするのではなく，自分自身の特性に応じてうまく職場適応できるような「工夫」や「スキル」を身に着けてもらうことで，発達障害の傾向をもつ方（いわゆるグレーゾーンの方）も働きやすく，生きやすくなります．

　またどこからどこまでが障害というのではなく，こうした「工夫」や「スキル」，こうした特性をもつ方への「配慮」は，円滑に社会生活をしたり職場で仕事をする上で誰にも普遍的に有意義ではないかと考えられます．

　こうした自分の「取説」作りが，医療が必要ではない一般の方々にも役立てられ，ひいてはそれが「発達障害の特性は連続的に分布する」という本質的な理解を促進すること，障害への差別的な考え方がなくなることを期待しつつ，こうした草の根レベルの活動にも注力していきたいと思っています．

第6章　家族として同僚として地域の一員として支援する

——東京都自閉症協会理事長インタビュー

　このインタビューでは，東京都自閉症協会理事長の今井忠氏に，発達障害当事者や親御さん，さらには雇用側の方々に関ってこられた過程で実感されていること，今後の課題をご提言いただいた．

　今井氏は気さくなお人柄で，東京都自閉症協会も家族のようなアットホームな会を開催しており，初めての参加者でも困っていることはお互いに相談しやすい雰囲気がある定例会を開催している．

今井　忠（いまい・ただし）氏—— NPO 法人東京都自閉症協会理事長，日本自閉　症協会副会長，公益社団法人日本発達障害連盟理事．

司会・**宮木幸一**
セッティング・**鈴木知子**氏

発達障害を持つ人への配慮

　——まず，今井理事長がどういう経緯で自閉症協会のお仕事や活動をされてきた　か，簡単にご紹介いただけますでしょうか．
今井　私の場合，3つの立場が混ざっているのです．
　ひとつ目は，父親としての立場です．一番下の息子がダウン症で重度知的障害なのですが，行動障害が生じて自閉症でもあることがわかり，それがきっかけで自閉症に関心をもちました．
　2つ目は会社勤務の中で社員の適正配置（雇用管理）に携わっていた立場です．その過程で，人によって脳の特性が違う，学習のスタイルが違うことに興味をもちました．自閉症について知ったおかげで，一人ひとりの違いをどう活かせばいいか

80——第Ⅱ部　職場の発達障害サポートの現場

のヒントが得られました.

　3つ目は，自閉症協会などの障害者団体で，個人的に当事者を応援してきた立場です.　その一環として，就労や雇用契約が困難な人たちのための小規模なお仕事の場を10年ほど前に作りました.　主な作業内容は，古本をインターネットで売るためにデータ入力する作業や，音声の文字起こしなどです.　一緒に仕事をするとわかることが多いのです.　また東京都自閉症協会の高機能自閉症・アスペルガー部会の毎月の茶話会も勉強になっています.　個別の相談を受ける時もあります.

　——今回，今井さんには東京都自閉症協会の理事長としての立場でコメントしていただければと思っています.　発達障害の当事者と向き合うときに，どういう配慮が必要だと考えていますか.

今井　発達障害者といっても多様ですので，対象を絞ったほうがいいと思います.特例子会社ではなく，当事者が一般の社員の中で働く場合を想定して話しましょう.つまり，支援者を自然な状態では必ずしも得られない所で，職業生活を送っている場合にしたいと思います.

　当事者本人に対する配慮の内容の前に，そもそも雇用現場の支援にあたっての基本的な観点を確認しておきたいのです.

　まず，2つの意味でケースバイケースだと思うのです.　ひとつは本人側の特徴がひとりひとり異なっている点.　もうひとつは本人の周囲の人的環境がさまざまな上，変化する点.　この2つの変動する条件の中で，職業生活の安定をどう保つかを考えなければなりません.　そのためには本人や職場側が何かに困ったときに，わかってくれている人にパッと連絡して，ヒントをもらえるようにしておくことが大事だと思います.

　そうなると，支援者としては，すぐに手が離せる状況になることがほとんどありません.　いい条件に恵まれて一時的に安定することもあるけれど，縁を切りにくい仕事ですね.

　——いつでも必要な時に動けるような，長期的な配慮が必要なのですね.

今井　確認したいことの2つ目は，何に働きかけるのか，です.　やはり，本人だけを支援してもどうにもなりません.　本人に介入し変容を求めて成功すればいいのですが，そうはいかないわけです.

　本人ができるようになればいいなと思うことであっても，そう簡単に身につくわけではなく時間がかかってしまう.　だから，まずは現在の状態で働ける環境を職場側につくってもらわなきゃいけない.

　この職場側へのアクセスが一番難しいのです.　本人が直接職場と話せるのであれば，支援は必要ありません.　また，就労支援機関を通じて入社した方であれば，そ

この支援者が会社へアプローチしてくれるでしょう．しかし，もともと自分の状態に気づかずに会社に入って，後から障害があるとわかった人の場合，自分の代弁者がいないわけですよね．

——ご自身もわかっていなかった場合もありますからね．

今井 だからといって，お医者さんに「企業へ連絡を取って何とかしてくれ」と頼むわけにはいかないでしょう．

——ご本人に何か働きかける支援はもちろん本筋ですけど，それだけで解決すれば苦労はありません．実際は周囲の環境，特に職場環境に働きかけなきゃいけない．それにもかかわらず，なかなかいい方法がないのですね．

今井 公的な「障害者職業センター」に動いてもらえるかというと，障害者職業センターが企業の中に入るには企業側からの要請が必要です．

——勝手に入ってくるわけにはいかないですよね．

今井 東京都の場合だと，東京ジョブコーチ（東京しごと財団障害者就業支援事業）は本人側からの希望で企業に入れると聞いています．適切に企業側に入って本人を代弁する仕組みを実現していかない限り，入社後に障害が判明した人については なかなか支援が難しいですね．

3点目に確認したいことは，職場にいない状態で支援できるのかという問題です．介入するにあたって，ご本人と職場側の両方から話を聞くと，それぞれの主観が入っているから当然食い違いがあります．外部の支援者は一般に本人の職場での様子を実際に見ていないから，真実はどうなのかわからないわけですよ．

やっぱり本人のそばにいて状況や仕事もわかっている人が，その場，その時に本人や周囲に助言するのが一番効果的です．オンサイトの支援者をどう確保するかがポイントで，それが確保されると大体うまくいきます．

ただ企業内の人であっても，同じ職場にいなければ，介入の筋道はわからないのです．当該の職場で日常的に同僚として，ともに働いている社員の助けこそ，もっとも有効です．

今回，厚生労働省は，職場のサポーターを養成することを2017年秋から始めました（精神・発達障害者しごとサポーター養成講座）．詳しい仕組みは知らないのですが，職場ごとにサポーターを設けるのを奨励するのは大事だと思います．

その際，企業側が，このようなナチュラルサポーターを守ることも大切です．支援を実際にやってわかるのですが，サポーターが社内で孤立してしまうのです．障害者であるAさんに対して，周囲から「態度が悪い」「自分勝手だ」「しゃべり方が失礼だ」とかいろんなことが言われる．それに対してAさんが反撃するとより大きな反発を生むから多勢に無勢でAさん本人はどうすることもできない．そこ

82——第Ⅱ部　職場の発達障害サポートの現場

でたとえばBさんが、「いやいや、Aさんはこういう状況だから、こうしてあげれ
ばいいんですよ」と周囲に話をした場合、AさんだけでなくBさんも社内で孤立
してしまう場合がよくある。だから、企業、具体的には職場の上司はこのサポー
ターのBさん側に立ってBさんを保護しなきゃいけないのですね。その仕組みがつ
くれるかどうか。

　——そこが担保されないと、善意はあってもなかなか手を挙げられないですよね。

今井　学校のいじめ問題と一緒で、いじめられているAさんにBさんが味方した
瞬間に、2人ともいじめにあうわけです。それがわかっているから、Bさんは近づ
けないわけですね。そうならないよう、安全にサポートできる環境にしなきゃいけ
ないので、今回の厚労省の取り組みはそういうことに向くのではないかな。早く職
場サポーターという仕組みをつくればいいのにとずっと考えていたので、ちょっと
前進したかなと思っています。

　さらに言っておくと、Bさんは自分の時間を少しサポートに割かなければならな
くなるし、業務の一部として行うので、Bさんに手当てをつけてあげてほしいです
よね。

個別配慮規程の必要性

今井　合理的配慮についても考える必要があると思います。現状では、厚生労働省
が合理的配慮事例集をつくっています。

　ですがそういったものは各企業が内部規程に織り込んで、はじめて実効性をもつ
のですよ。男女雇用機会均等法などでも、まず国が決めて、間もなく企業が社内規
程をそれに準じて見直していきます。たとえば以前は、給与規程について「事務補
助職」と書くべきところを「女子社員」と表現していた会社もありました。職種と
性別を合理的理由もなく結びつけていたのですね。これでは最初から女性には地位
が低い職しかないことになってしまう。

　そういった社内規程は、法制化や社会の価値観の変化に合わせて書き換えられて
きました。しかし、障害者の合理的配慮について社内規程で書いている会社は十数
年前に調べたときには見当たりませんでした。そういう問題意識があったので、社
員への個別配慮規程の案を作ろうと考えました。障害者への配慮は個別配慮の一部
として考えました。大事なので、そう考えた理由をお話しします。

　そもそも社員への配慮にはさまざまなものがあります。病気、産前、出産、産後、
育児、忌引などです。これらの事情はかなりの社員に起こり得るから、一般に規程
化されています。

　でも、それとは違う個々の社員の特殊な事情に、企業が応える仕組みはない。だ

から，個別配慮をしなきゃいけない社員を定義し，それに対して配慮しますという規程をつくろうと，十数年前に案を考えました．それは，未完成のままで終わってしまったのですがね．

　その案を作る際に，参考にできるような先例はないのか，労働分野の人に聞いたのです．その人の話では，アメリカの企業の中には「個別の家庭の事情によっては，こういうことをする」という取り決めが結構あると聞きました．

　あるとき，友人たちに「個別配慮規程をつくろうと思うけど，どうしたらいい？」と話しました．その中に，重度の医療的ケアが必要な子どもをもつ父親がいたのですが，そういう状況だと転勤ができません．専門的な病院が必要で，勤務ができる地域が限られてしまう．通常のキャリアパスでは転職せざるをえない．そういう意見を聞いて，本人に障害がなくても家族にそういう人をもつ場合も個別配慮の範囲に含めようと考えました．障害者の合理的配慮を包含する個別配慮規程を設けることで，従来型の固い雇用契約に弾力性をもたせられると思ったのです．個別配慮を障害者本人だけでなく，勤務継続のために配慮が必要な社員に広げれば，社内規程を作る価値が社員全体のものになります．

　さらに，合理的配慮を考えるときにその配慮の具体的内容はひとりひとりの状況や特性で異なります．何をするのかは，一律に決められない個別性が高いわけですよ．しかも発達障害の場合は，自分が何に困っているのか，それを相手にどう伝えるのかに障害があるので，本人と話しても堂々巡りになるなど，核心に迫れないことが多いのです．そこで個別配慮にあたっては，本人に加えて本人を代弁する外部の人を入れることができる調停型モデルにして，本人側と組合と経営の三者による調整会議を行う案を考えました．そのときに給与条件なども，標準の規程を外れた運用ができるようにしようと考えました．

　　——今おっしゃったのは，障害者の雇用枠として再雇用するといったものではなく，社員の立場のままで，組合も混ぜて給与などの条件を相談するということですよね．

今井　そうです．現状では，発達障害があると分かると，退職を迫ったり，障害者が中心の職場に異動させるのはおかしいですよね．そういう場合に雇用を継続するには，個別の事情に対応できる配慮規程をつくってやっていくことになるのかなと思います．

　　——そういう柔軟性はあってもいいかもしれませんね．

今井　個別配慮規程を考えていた時に，ある話を聞いたのです．あるアメリカの企業で，社員が大切に飼っていた猫を亡くしたときに，忌引が取れるのかという話になった．企業側の結論は「その人にとって猫は家族だったから，忌引を認める」と

いうものだったそうです．それを聞いて考えさせられました．障害とは関係ないけれど，個別事情には本当にいろんな状況があるのだなと．

　　——私もペットロスの患者さんを診たことがあるのですが，本当に肉親や子を亡くしたかのように嘆き悲しむ方がたくさんいます．現在の日本のルール上で言えば，「ペットが死んだからって忌引なんてとんでもない」となるのでしょうが，本人にとっては家族を亡くしたような悲しみを感じることもある．そういったことも認められるアメリカの度量は広いですね．

今井　それは障害者の話じゃないけれど，その延長線上に，ある障害特性をもった人たちが雇用を継続し，特徴的な能力で会社に貢献できる仕組みをつくるのは重要なことだと思います．そんなことをずっと考えているのですが，そう簡単に実現しないですね．

　　——確かに会社のルールとしてそれを導入するところが出てくればいいなとは思いながらも，現実的にはハードルがありますね．

今井　本当は決して難しい話ではないのですよ．雇用分野の男女差別について言えば，男女雇用機会均等法が改正されるたびに，会社内で規程の見直しがされてきました．役所からも通知が来て，それに応じて処遇や面接のやり方について社内規程の見直しがされています．法律で差別の類型にされたほかの場合も同様です．

　　このように新たな法律ができると関係する社内規程の見直しがされます．だから，障害者社員についても処遇が社内規定に明文化されれば，はじめて法律が職場の日常に生きてくると考えます．ただ，歴史のある企業であれば規程がなくても，上司と人事部門が話し合って，限界はありますが個別の事情には対応していることが多いと思います．

　　——私も産業医の立場でそういう方を支援するときに，上司にある程度配慮してもらいます．そのときに上司は部下の特性や疾患を理解していますけれど，同僚たちは障害について知らない場合もある．本人に配慮しながらも，同僚が不公平さを感じないようにするのに苦労すると聞いたことがあります．

　　先ほどの話では，「正社員でありながらもこういう仕事だからこのくらいの給与水準にしよう」などと，関係者が話しあって決めるということでしたよね．ちゃんと正社員としての働き方を維持しながら，うまく仕事ができていない部分に関しては減給しましょうという合理性があれば，周囲の理解も得られやすいのかなと思います．

今井　配慮や介入をすべき対象者は誰かと考えたときに，障害者本人だけでいいと思っているとうまくいかないですね．障害理解が不十分だとはいえ，やっぱり日々周りの人々，特に一緒に仕事をする人もストレスを感じています．障害だとわかっ

ていたとしてもストレスはなかなか減らない．双方にストレスがある状況をどのように縮小できるかは大事なことです．

——周りも疲弊するとよく聞きます．

今井 双方に配慮しないと，いくら発達障害について説明してもうまくいかないなとは思います．

キャリアパスの問題

今井 話はちょっと変わりますけど，何とか周りの理解も得られて，数年間，安定した状態になったとき，次に起こるのがキャリアパスの問題です．本人の向上心を満足させられる条件があるのか．本人は本人なりに職務経験を積んで，今までより仕事ができるようになっている．みんなよりはスピードが遅いかもしれないけれど，仕事の上達に合わせて，給与も上がっていく．そういうキャリアパスが今，障害者雇用で用意されているのか．

——現状では難しい問題ですよね．

今井 3～4年同じ仕事をやっていて，キャリアに何も変化がないならストレスになります．もう辞めようかなって考えてしまいますよね．

——早く辞める方が多いのも，それが一因になっています．

今井 そう．雇用する側からすれば，雇用率という数字を達成できればいいと考えている企業も多い．だから余計なことは言わないで，毎日来てくれりゃいいんだと思っている．それは非人間的ですよ．障害者であっても，その人に合ったキャリアパスが必要です．それを今後どうしていったらいいかなと思っているのですが，これも僕の中では未解決です．先生はどういうふうに考えておられますか？

——確かにキャリアパスとして通常の社員と同じようにというのは，なかなか現実としては難しいものの，ずっと同じ待遇で仕事を続けるのも無理がありますよね．

今井 同じような作業だけを延々やり続けるのもおかしいでしょう．そんなことでは長くは勤められないですよ．だからといって転職しても，大して条件は変わらない．そこを解決していかなきゃいけないのではないかな．

必要なのは，個別配慮の中で個別のキャリアパスを考えていくことです．本人は給料を上げるために「やらせてください」と手を挙げるかもしれないけど，特性として向かない仕事をやってもらうわけにいかないですよね．「100人の部下の面倒をみる役職になぜなりたいの」と聞いたら，「そうでないと給料が上がらないから」という答えが返ってくるかもしれない．確かに給料は増えるかもしれないけど，余計に行き詰まって，破たんします．仕事の幅を広げるには「君にはこれがいいので

はないか」という提案を企業側ができなきゃいけないと思うのです.

——いわゆる典型的な出世コースで管理職になるというより, その方の個性に合った専門性を発揮して, それによって昇給していくような仕組みが必要ですね.

今井 そう思います. しかし, 実現はできていません. ごく一部, いい条件に恵まれた人で, 本人にもそれなりの素質や能力があって, 開花していく場合がありますね. 自閉症の特徴そのものは消えているわけじゃないけど, 見かけ上, 対人交渉がまあまあできるようになることはあります.

——自閉症協会に参加させていただきましたが, 普通の人と変らないように見える当事者の方が結構いらっしゃいましたね.

今井 そう見えますね. 実際, 普通の人に近い仕事もしている. 限られた業務の中での対応はできる人はいるんですよね. とはいえ, 大会社に入ってたけど辞めている人もいるので, やっぱりそこで求められている能力とは違うのでしょう.

自閉症であってもその業務に必要とされる程度の社会性が身につく人がいるんですよ. なぜ, そうなっていくのかは研究の余地があるなと思っています.

——それはありえますね. 私自身もそういう方は経験していまして, 特性としての自閉傾向は根本的には変わっていないですし, ご本人の思いも変わっていないのですけれど, 社会で多数派の定型発達の人と過ごすときに, こういう行動はこう思われるとか, こういうことはしてはいけないとか, パターンとして覚えて要領よく身につけられた方は比較的, 対人関係がうまくなります. ビジネスレベルでやり取りするのに相手を不快にさせないで, 業務を支障なくするレベルになる方はいます.

今井 あらゆる人がそうなるとは言えないけど, 少なくとも素質的にある程度できる人ならば, そうなってほしいです. ただ, そういう人たちって, やっぱり職務経験とか, ある程度恵まれた職場環境でキャリアを積んでいっている人なのです. 理解者がいたり, 仕事を経験したりすることで, たとえば電話を受けるのも嫌だったのが, 電話を受けられるようになる. そのうち今度は自分のほうから電話して何か確認をとったり, 出向いて説明もできるようになったりするのですよね. だから配慮された環境があることは非常に大事なことだなと思うんです.

——いい上司に巡り合って, ミスがあっても致命傷にならないように守ってくれたり, 経験を積ませてもらったりした故にということですね.

たとえば医療従事者でも, 当事者がソーシャルスキルを身につけることを意識してくれる保健師や医師が関わるのと, あくまで症状に対して薬を出すだけの医師が関わるのとでは, 当事者の成長にずいぶん差が出ると思いますので.

今井 そういうことで自信を得られた人は, 他人からの注意やアドバイスをよく受

け取るのですね.

　ところが周囲に理解されず攻撃にさらされてきて, 自分の身を守ることに必死な状態だと, 反撃するしか道がなく, いい助言であっても聞ける状態ではなくなる. そんな状態にさせてしまうと成長も止まってしまうと思います.

　——医療で言えば自尊心, あるいは自己効力感がある程度保たれていないと, いくら親身になってくれる人がいても, 素直に受け入れられない. その状態になってしまうと, 本当に周囲が助けようとしても, なかなか助けられない不幸な状態になってしまいます.

今井　あと, 就労が継続している人や, うまく順応している人に共通しているのは, 私生活の中に自分なりの楽しみをもっている人ですね. 難しいのは, お勉強が生活の中心だった人. あえて「お」をつけちゃうのだけど, それしかしていない人が時々いて, 時間があっても何をしたいというのがない.

　たとえば手の込んだお料理を作りたいとか, お寺巡りをしたいとか, そんな趣味をもてとまでは言いません. これをしていたら自分は気が休まる程度のことでいい.

　でも, そういうものがない人がいるんですよ. これは, やっぱり相当きついです. 成績がよくても, 受験勉強しか目標がなかった人は, もろいと思いますね.

　——ひとつに絞ってしまうと, それが駄目だったら全部コケてしまう.

今井　兄弟で, 兄である自分は勉強ができて, ずっと一番だった. それが家族の自慢だった. 弟はいつも遊んでばかりで成績が悪く, 親から勉強しなさいと言われ続けていた. どちらも社会人になったら, 兄はこんなこともできないのかと会社で言われる. 弟のほうは, 人柄が評価されて, 営業でガンガン働いている. 社会で生きるスキルは, 一体何なのだと考えてしまいます. そういう意味で, 受験勉強しかてこなかった人については, すごく心配しますね. 勉強が偏差値主義で他人と競争することになっているからかもしれません.

　——私も診療をしていて, いわゆるエリートと呼ばれる大学を出ていたり, 一流企業に勤めたりしている方の一部にもろさは感じます. 今まで学業や仕事の成績だけ心のよりどころにしていたため, たとえばうつ病などで仕事ができなくなったときに, そのほかの支えがないんですよね.

今井　レジリエンスのひとつだと思うのだけど, 3歳ごろから小学校低学年ぐらいまでの遊びの体験が大事じゃないかと思っています. 後から身につける人もいるとは思うのだけど.

　幼いころの楽しい体験は, 後で困難を抱えたときの生きる力や心のよりどころになると思っています. 小さなころから, 早期教育やお受験の準備にすべてを費やしてしまうのはよいことではない気がするし, それはなぜなのかということも, ある

程度研究しなきゃいけない.

——なかなか定量化しにくいですけど, いわゆる勉強以外のいろんな体験や遊び が, 将来に生きることはありますよね.

今井 小さいころの遊びは, ディズニーランドで遊ぶこととは違います. 子どもに とって周囲のものはすべて遊び道具で, 自分なりにいろいろ試した体験が, 実は意 外と大人になってからの生きる力になると思っていてね.

ただ「あなたにはそういう経験が足らなかった」と今さら言っても, 何の助けに もならないから言わないのだけれど.

——患者さんに「もう一度幼少期に返ってそういう体験をしてください」と言え ないですものね. 幸せな体験や幅広い経験をされた方はしなやかで柔軟な強さも もっていらっしゃると思いますけど, そうでない生き方をしてきた方をどう支え るのかは難しいですね. 考えが凝り固まっている方が多い印象なので, そこから 別の価値観に気づいてもらったり, 本来の柔軟性を取り戻してもらったりするに はどうすればいいのでしょう.

今井 今まで生きてきて, 楽しかった体験がひとつもなかった人はいないと思って います. 父親と海に行ったのが楽しかったとか, お母さんが作ってくれたおにぎり が美味しかったとか, 昔の他愛ない思い出を嬉しく, 懐かしくしゃべれる人であれ ば安心していい. 当事者が普段思い出す必要がまったくないことでも, 支援する側 は思い出して話せるように誘導することができるんじゃないでしょうか.

——確かにそうですね. 普段は意識しないこともうまく聞いてもらえれば, 楽し かった思い出のひとつや2つは浮かんできますものね.

今井 ただ, そういったことは個別支援の中で, 余裕があるときしかできませんが.

脳の特性の違いへの興味

——支援をされていて, 今井さんがやりがいを感じるのはどういった部分でしょ うか.

今井 私のやりがいよりも, やりがいをもつ支援者を増やすことが念頭にあります. 私は重度の障害をもつ子の親という立場でもあるから, 困っている人を目の前にす ると, 何かサポートしなきゃという気持ちは起こってしまいます. 就労支援で一生 懸命活躍されている方のような, 高い志でやっているわけでもないのです.

誰かに関わるとなると, 何かすごいことをしなければいけないと考えてしまう人 がいるかもしれませんが, 実際はほんのちょっとしたことでも助けになるのです. できることからやればいい. そういう意味では, 何かを犠牲にしてまですごいこと をやろうとは思っていません. 結果的には, 随分と時間を犠牲にしているかもしれ

第6章　家族として同僚として地域の一員として支援する──89

ませんが.

　発達障害の人に関わっている理由は，やりがいを感じるからというよりも，人間に対する興味が大きいのです．少しご質問から離れるかもしれないけど，僕は自閉症のことを，神経系の信号処理の違いではないかと思っていて，いろんな人をみるときにそこに興味があります．神経系が外部の刺激を信号として取り込み，処理するところの違いじゃないかと思っているんです．情報処理，信号処理が多数派とは違うために，状況の読み込みそのものが周囲の人とずれて，結果的に行動もずれてしまう．心の理論も社会的コミュニケーションの問題もその結果だと思っています．だから情報の取り込みと処理のところにまず介入し，状況認識の混乱を正して安心できるようにしてあげなきゃいけないのだけど，多くの人が結果としての行動だけを直そうとして余計にうまくいかなくなっている.

　自閉症は情報処理に関する障害と定義されているわけではないけれど，根っこにあるのは，意味や相互の関係性，つながりをつかみにくく，部分的な特徴で認知し判断してしまう傾向にあると思っています．あるいは時間的な経過が意味することを読み取らなければならないのに，不連続な静止画像のように一瞬の一枚で判断してしまう．同一の事柄よりもミクロな差のほうが強い刺激で入ってくる．情報圧縮がされないため，信号量がオーバーし，脳の各部を連携させて処理することが間に合わないので，そうなるのではないでしょうか．だから，脳の学習スタイルが違ってくる．介入にあたっては，まず状況や経過の理解を補助し，そのうえで，行動の選択肢を一緒に考えるのがいいと思っています．そういう頭で生きていくのは，やっぱり大変ですよ.

　　──確かにそれで自閉症のすべてを説明はできないにしても，合併する感覚の過敏等もある意味いろんな刺激に対する反応の問題ですよね.

今井　そういう見方が，発達障害者だけでなく，一般の仕事の中で人を見るときに役立ったのです．仕事で関係する人にもいろんな人がいる．会議ではまったく発言しないけれど，1対1の交渉は得意な人がいるわけですね．会議の価値があまりピンとこない人もいる.

　ひとりひとりの脳の特性は結構違うなと感じていて，人を理解するうえで面白いと思います.

　　──脳の特性にもバラエティーがあって，自閉傾向もパターンのひとつということですね.

今井　そのパターンのひとつが社会的に生きにくくて，配慮が必要だから障害だということにしている．脳の特性のちがいに私は興味があったのです.

　あるときに，池上英子先生が書いた，アスペルガーの人のコミュニケーションに

ついての本を読んだんです（『ハイパーワールド——共感しあう自閉症アバターた
ち』NTT 出版，2017 年）．その方は社会学の先生で，もともとは自閉症の研究者
ではありません．その内容は 2017 年 9 月 26 日「NHK ハートネット TV」でも紹
介されました．

　その研究によるとインターネット上でアバター（分身）を介してコミュニティー
を形成しているところに，当事者たちが結構参加しているそうなんですね．そこで
池上さんは「一体なぜ，アバターだとコミュニケーションできるのか？」と考える
わけです．

　——面白い．われわれが検討している，アバターを使った遠隔面談で直接言いに
　くいことを言ってもらうというのに近い．

今井　そう．TRPG（Table Top Role-Playing Game）でもそういうことがあるん
ですよ．池上さんは研究の中で，アバターの世界に入ると，普通の人も自閉症にな
らざるをえないというんです．表情の種類が少なくて，細かい表現ができない．そ
れから，操作しなければいけない分，自分の好きなタイミングで会話に入ることも
できない．そうした制限された環境のもとだと，自閉症の人たちもコミュニケート
できる．

　——ほかの人に配慮しなくてよくなるわけですね．

今井　そういったことから，普通の人のコミュニケーションはどういうことで成り
立っているのかがわかる．外からの目線で普通の社会を見ることができる．西洋人
を知ることで，日本人ってこういうものなんだとわかるように，違いを知ることに
よって，自分のことがわかることにつながればと思ってね．私が当事者に関わって
いるのはそういうことに興味があるからで，使命感ではないのです．

　——科学的な興味なんですね．実はわれわれの支援団体で相談を受けるときに，
　直接だと話しにくい人のために遠隔相談を検討しているのです．テレビ電話では
　なく，ロボットやアバターを使って当事者の顔が見えないようにする．

　　FaceBook が今やっているのは，ヘッドセットをつけて診療者と当事者がお互
　いにアバターとして仮想空間に入り込む仕組みです．ヘッドセットをかぶってい
　るので，本人が左を向けばアバターも左を向く．そうすると話しやすくなるので
　はないか．感情表現も何段階かしかないので，複雑な微妙な変化を読み取らなく
　ていい．そういう制約のもとだと，コミュニケーションしやすいのではないかと，
　われわれも検討していたところです．

今井　そうなると，障害者に限らず，社員それぞれの特性に応じた活躍の場を考え
るのに役立つと思います．

　たとえば上司にあることをわかってもらいたいとき，特に偉い人の時間はなかな

第6章　家族として同僚として地域の一員として支援する——91

かもらえない．10分しか時間をもらえなかった時，どう伝えるか．あるいは，たまたま上司とエレベーターで一緒になった時，数十秒の会話で何を話すか．ビジネスの場ではそういう状況が度々あるので，相手の脳の特性をよく知っておかないと逆効果になる．

　グラフのほうがわかる人と，表のほうがいいという人がいる．これを間違うと，全然伝わらない．

　——私も近いことを感じていました．自閉症の方たちが感じている障壁は，多かれ少なかれ定型発達（多数派）の人も感じていると思うのです．そういう障壁がない職場をつくれたら，いわゆる障害者ではなくても，そういう傾向を段階的にもつすべての人にとって，個性が認められて仕事がしやすくなり，全体としてメリットがあると思いますね．

今井　感情的な納得を優先する人と，理屈的な納得を優先する人がいますよね．感情を共感してほしい人の話を，理屈で聞いてしまうとけんかになる．そういうことが，自閉症の方に関わってわかるようになりましたね．

　——そういう個性が見えてきますね．

今井　だからあくまで人それぞれの違いを知りたくて関わっているのです．実は本人たちもあんまり支援してもらいたいと思っていないしね．

　でも本人たちはやっぱり大変なんですよ．自閉症やアスペルガーについては，多くの人がその言葉を知るようになってはいるけど，会社の中で生きているとちょっと度合いの強い人は孤立して，邪魔者として扱われやすい．

　——現代は働き方改革や生産性を高めるために，ひとりひとりが頑張っているとは思うので，支援者側としては，ちょっと配慮があれば力を発揮できる人をうまく発掘してサポートできればいいですね．

今井　トータルの生産性は上がると思うし，仕事の満足感が増しますよ．

　——ご本人のやりがいや幸福にもつながるのですね．

今井　うつ病も明らかに増えていると思うのだけど，企業側で社員をうつ病に至らせないための工夫をもっとやれるはずなのです．それは決してものすごくお金のかかることでもなくて，当たり前のことをやることで実現できると思っています．

支援者に必要なのは知識よりセンス

　——支援に関わっていらして，つらい部分やもどかしい部分は何かありますか．

今井　支援者側に大事なのはセンス（感性）だと思っているのですが，支援者育成が知識教育ばかりになっている現状がもどかしいです．何でセンス教育をやらないのだと思う．

知識を教える発達障害の研修はものすごい数がありますよ．でも，伸びるのはセンスのある人であって，わからない人はわからないままになっていく．

先日，友人に「芸術大学ではどうやって感性を教えているのか？」って聞いてみたのです．芸術の世界ではテクニックを教えるだけでなく，感受性を養うこともやっているだろうから，その蓄積を支援者教育に持ち込んだらどうかと発想したわけですね．

しかし，友人は「センスは座学で教えられるものじゃない」と言うのです．「じゃあ，どうするの？」と聞いたら，「大切なのは本物に触れることだ」という．

たとえば，女性ファッション週刊誌を見たり，デパートで流行の服を眺めていればセンスが磨かれていく．美術も同じで，やっぱり本物を見に行くのが大切だそうなのです．

——よくピアニストも，本物の音楽を聴くといいますね．

今井 そうなると，支援者のセンスは座学だけでは身につかず，実際の支援の場に身を置いて磨かなければいけない．そこをもどかしく思っているのです．

——もちろん知識はあったほうがいいでしょうけども，座学で何十時間も勉強するより，本物の支援をされているところで直に触れるほうが，支援者としての適性やセンスを磨くのには何倍も価値があるのですよね．

今井 あるところでその話をしたら，若い支援職の人が「そうですよ．よく言ってくれた」と感激していました．支援者の中でも，センスが大事だということがまだまだ認識されていない．

——知識に偏重しているんですよね．

今井 人に関わる仕事は，自分という人格を道具として使うわけですよね．養成するにあたっては，それなりのセンスがある人なのかを見ないといけないと思っています．

——そういう形の研修ができるといいですね．

今井 お医者さんの世界にもセンスはあるのですか？　知識だけでやれるものでしょうか．

——いや，知識だけではないですね．やはり，多くの先輩医師の姿を見ながら身につけるところが大きいです．

今井 そうでしょう．それは明確に意識づけられていなくても，経験的にそうやっているのですよね．

——もちろん知識を学ぶこともやっていますが，患者さんへ接するときや，あるいは言葉として聞くのではないにしても，検査機器を使って何か情報を得るときには，先輩たちがさらにその先輩たちから引き継いできたものを，自然に真似し

ていると思います.

今井 実際の現場に立ち会ってリアルな姿を見ることによって，ある種のセンスが磨かれてくるのですよね.

——それは必要だと思います.

今井 こういうことは論理的じゃないかもしれないけど，実際には非常に重要なことじゃないかと思うし，ぜひ養成体系の中に入れてもらいたい.

——次のステップとしては，そういった点も大事ですよね.

今井 話は脱線しますが，先日，講演のために上海へ行ったのです. 催しのリハーサルで自閉症のお子さんに出会ったのですが，その子のピアノが素晴らしいのですよ. その子はスポーツにも絵を描くことにもまったく興味を示さなかったのだけど，ピアノをやってみたら，メキメキ上手になって才能が開花したんだそうで，本人もすごく楽しんでやっている. その子は僕のために日本の曲も弾いてくれました. 興味が湧いたので，その子のピアノの先生に聞きました. 先生の話では最初に「ピアノを教えてほしい」と言われたときには，「障害者を教育した経験もないし，言葉も通じないので教えるのは無理です」と断ったそうです. ただ，ちょっと弾かせてみると，「あら？ この子，もしかしたら音楽をわかっているかもしれない」と感じたそうです. やっているうちに，この子はこの子なりのやり方で音楽を学べるんだと気づいた. 舞台でその子と先生が笑いながら一緒にピアノを弾いて，コミュニケーションをとっていました. それを見ながら，「一体，専門家とは何だろう」と考えてしまいました.

——いい話ですね. その音楽の先生は自閉症の知識がまったくない方だったんですよね.

今井 まったくないけれど，コミュニケーションできたわけです. そして，この子はこの子なりの頭の構造をもっていると理解して，楽譜などに工夫を凝らしている. 「自分の世界に引き込むのではなく，しっかり観察して相手の世界に入っていかなければ気持ちは通じない」とはっきり言っていましたね.

このセンスって，大事だなと思ったわけです. 講習会では，診断基準の話になるけれど，違う方向から考えることも必要なのです.

——その先生はどうして，その子の特性に気付くことができたのでしょう.

今井 私も気になって「何故あなたは彼のことをパッと理解できたのですか」と質問してみました. そしたら，「自分は，小さいときにお母さんからピアノを嫌々習わされていた」と言うのです. でも，自発的にピアノを弾いたときにすごく楽しく感じたそうで，その体験を通じて楽しむことのもつ意味をわかっていたから，彼のこともわかったのではないかと分析していました.

94——第Ⅱ部　職場の発達障害サポートの現場

——なるほど，確かにそれはつながっているかもしれませんね．

今井　人間にとって必要なのは，障害のあるなしに関わらず，相手の行動の意味を理解して，その時々で良好なコミュニケーションをとれる能力です．自閉症だからと変に特別視せず，普通の人間の中の一員としてどう見ていくのかが大切で，その上で個別に異なるところと人間として普遍的なところを常に考えなければいけないと思います．

さいごに具体的な関わり方ですが，協会が発行した冊子『アスペルガーの職場支援』のなかの「雇用にあたっての10の要点」と，私が講演時にご紹介する「ケースバイケースではあるが関わり方で主に心がけていること」を参考にしていただければ幸いです．

インタビューのまとめ

・発達障害対応は，2つの「ケースバイケース」——本人側の特徴がひとりひとり異なっていることと，周囲の人的環境がさまざまな上，変化することのマネジメントを考える．

・「個別配慮規程」をルール化する——個別配慮の中で個別のキャリアパスを考えてゆくために，弾力性のある，しかし可視化されたルールが必要．

・ケース対応は，オンサイトの支援者をどう確保するかがポイント．社内の理解者（ナチュラルサポーター）を会社がサポートすることの重要性．

・「合理的な配慮」のある職場には，知識だけではなく，楽しむ，喜ぶという感覚，センスが，支援する人にも支援される人にも必要．

雇用にあたっての10の要点

1. この障害の人の人生を応援できそうな同僚と上司が職場にいること
2. 本人が信頼を寄せる支援者と連絡がとれること（支援職でなくてもよい，社外でもよい）
3. 初期の仕事には，他との折衝・交渉・調整という妥協点を見いだすような要素を避けること
4. 音，光，匂い，室温，視線など感覚上の困りごとを言われた場合には，無視せず，できるだけ配慮すること
5. 通勤も含め，疲労に気配りすること
6. 会議への出席は，他の社員と同等に扱い，仲間はずれにしないこと．発言を無理強いしないこと．出席していた場合であっても，会議で決まったことは明瞭に伝えること
7. 職場懇親会への誘いは，他の社員と同等に扱い，仲間はずれにしないこと（ただし，参加を無理強いしないこと．淡泊に）
8. 精神論的な集団主義は期待通りにならないことを知っておくこと（本人にとって，不快感・拒否感になる場合も多い）
9. 職場内に，本人に意地悪をしたり，悪い評判を流す社員が増えないように予防すること（障害名の周知は逆効果となることがある．苦手なこと，得意なことを理解してもらうこと）
10. 欠点の矯正よりも，良い成果の評価を優先すること

（冊子『アスペルガーの職場支援』（大杉健）51頁，東京都自閉症協会，2017年）

ケースバイケースではあるが関わり方で主に心がけていること

1. 肯定的対応（援助者は練習が必要）
   a. 伝え方としての肯定文形式
     ×ワイシャツの裾を出すな（否定文は，どうしたらよいかが明示されない）
     ○ワイシャツの裾を中に入れてください
   b. 相手の存在を肯定的にとらえる
     「君の研究発表の○○の部分に私も関心がある．ぜひ，もう一つの方も早く仕上げて欲しい．次回を楽しみにしている」要はして欲しい事を伝える．

96——第Ⅱ部　職場の発達障害サポートの現場

2．共感的な関係を前提にしない.
　　・「こちらの気持ちを理解して，自ら修正してくれる」を前提にしない
　　・そもそも気になる，気にならないが同じではないことが多い
　　・こちらが相手の状態や思考・感覚を理解して関わる
3．不安におそわれやすいことを理解しておく.
　　・不安に対する回避行動が問題を大きくする
　　・不安を駆り立てて，奮起させる方略は成功しないことが多い
4．客観視する会話姿勢
　　・本人そのものを議論の対象にするのではなく，本人が向き合っていることをいっしょに議論する
　　・情報処理の違いとして理解しあう
5．ことばの用い方の違いに注意する. 内容より発言の動機に着目. 真に受けない. 真意を読み取る.
6．当事者の不平には耳を貸すが，同調も説教もしない.
7．感覚の違いがあることを理解する.
　　過敏，鈍感，不連続性，一貫性のなさ，などを軽蔑したり批判しないで尊重する. 心地よさを大事にする.
8．相手のペースの尊重（スモールステップ）
9．事前訓練よりも，実際の経験を通して自己理解とスキルアップを図る
10．問題行動への対応
　　・環境不適応と考えて環境（物理的環境と人的環境）を調整する
　　・自傷，フラッシュバック，パニックへの対処→冷静に観察し，起点や治まりの法則をいっしょに見つける.
　　・ある状況と好ましくない行動が結びついている場合は，行動療法の考えで好ましい行動を強化する.

（今井忠，2018 年）

コラム2　職場での工夫を編み出した
　　　　当事者のエピソード

　職場の健康管理をする産業医として，休職された方が復職されるときには戻られる職場の管理者に対して，さまざまな配慮をお願いすることがあります．

　身体疾患を含め休職理由を問わず，回復度合いに応じて，勤務時間の制限や出張・残業の制限を段階的に解除していくことが最もよく行われますが，発達障害の方が復職されるときに特に配慮をお願いする事項もあります．

　たとえば，当事者が質問や報告がしやすい環境・体制を整えることをお願いしたり（担当者を明確にし，質問や報告をしてよいタイミングを伝えるなど），業務指示をするときに曖昧な表現は避け，5W1H つまり，いつ（When），どこで（Where），だれが（Who），なにを（What），なぜ（Why），どのように（How）という情報伝達のポイント，いわゆる6つの W（Six Ws）を明確にして当事者が理解しやすい「指示出し」をお願いすることがあります．

　私が診療しているリワーク施設で復職のトレーニングを受け，復職されて現在は順調に以前の会社で勤務を続けている当事者の方で，興味深い工夫をされている方がいましたので紹介したいと思います．

　本書でも触れましたが，発達障害の傾向があってもそれが仕事上で問題にならないような「工夫」を取り入れて実践することで，支障を来さずに職場で過ごすことができ，それが二次障害としてのうつ病や適応障害を予防することにも繋がります．

　この方は仕事の際に独自の形式でメモを取ることを自ら編み出したのですが，それが上記の 5W1H の項目に沿って業務内容を明確化していくという工夫でした．

　この工夫により，指示された成果物の提出期限はいつなのか（When），提出場所や保存場所はどこなのか（Where），誰がまたは誰と行うのか（Who），何の作業・依頼なのか（What），何故それを行うのか（Why），どうやって行うか・どのような状態にするか（How）ということが明確化され，当事者の方があいまいさに戸惑うことなく業務が進めやすくなります．

　こうした発達障害の特性を踏まえた「指示出し」は，職場の上司に求めら

れるスキルといえますが，そうした理解ある上司ばかりではないのが現実なので，自らがメモを取る際に5W1Hの枠を埋めていく形で（構造化といいます）指示を確認していくという工夫は，大変素晴らしいものだと感心したのを覚えています．

　プレゼンティーズムの問題を解消して生産性を高めていく観点からも，職場や社会の理解や合理的配慮を求めていくことと並行して，自ら実践可能な工夫を増やしていくことが，働きづらさを軽減して本来のパフォーマンスを発揮していくうえで重要であると再認識しました．

　5W1Hのほかにも，最終期限の前のチェックポイントを明確化，優先順位を明確化，キリのつけ方（求められる必達事項は何か）を明確化することなども役立つと思いますので，ご自分の特性に応じた「工夫」を自分用にアレンジして実践してもらえればと思います．

第7章　就労支援の団体づくり
──「ペガサス」代表理事インタビュー

　今回の当事者アンケートの解析を宮木らの研究室に依頼されたご縁で，宮木が開発していた「発達障害2軸評価ツール」（自閉症傾向と注意欠如多動性障害ADHD傾向の特性を国際的に確立された質問紙で点数化・二次元上で視覚化し，ご自身の特性を把握してもらうとともに，就労支援者や就労先の関係者に特性を知ってもらう手助けとなるもの）の感想や意見をいただいた．今回のインタビューではそうした経験を踏まえて，現場での課題や思いを伺った．

木村志義（きむら・もとよし）氏──一般社団法人ペガサス代表理事，株式会社発
　達障害代表取締役．精神障害者や発達障害者の就労移行支援事業を行う．著書に
　「世界一の障害者ライフサポーター」（講談社BIZ）など．

コメント・**児玉裕子**氏
司会・**鈴木知子**氏

企業が発達障害者の雇用を避ける理由

木村　木村志義と申します．精神障害と発達障害の人向けの就労移行支援事業所，一般社団法人ペガサスを経営しています．また株式会社発達障害という会社も登記しています．こちらはまだ形だけつくった段階で，これからどのような事業を展開しようかなと模索しているところです．
　──きょうは経営者としてのお話をお伺いしたいと思うのですが，なぜ発達障害者の方の支援をしようと思ったのでしょうか．
木村　15年前にサラリーマンをやめて人材紹介会社を立ち上げました．その当時はまだどこもやっていなかった，障害者専門の人材紹介をスタートさせたのです．

就職が決まったら企業から1件100万円ほどの成功報酬をもらうビジネスだったのですが，企業は雇用しやすい身体障害者の人をリクエストしてくるので，結果的に身体障害者の人材紹介ばかりを担う状況になりました．一方で発達障害と精神障害は，紹介会社に登録してくれる人がたくさんいるにもかかわらず，企業からリクエストがかからないので，ほとんど紹介できないまま10年間ほど経ってしまったのです．

　もう一度事業をやり直すにあたって，障害者の中でも特に就職に苦労している人たちがいるとわかったので，その方々をサポートしていきたいと考えました．身体障害者を支援していたときはそれなりに即戦力で働ける人たちが多かったのですけれども，現在はそうはいかない人たちを支援することが多いので，やりがいを感じています．

　また，個人的に発達障害の方々から「人間の醍醐味」のようなものを感じているので，そういう人たちが会社にうまくはまって働ける状態を作るのが面白いとも思っています．

　——「人間の醍醐味」とはどのようなところですか．

木村　言い換えるなら，「人間らしさ」ですね．嘘がつけないところもそうですし，お話していても楽しい．語学も堪能で何か国もしゃべれるのだけれど読み書きは苦手な人がいたりして，純粋に面白いなと思います．

　——飛びぬけた長所があるのだけど，苦手なことも大きいところを面白く感じているのですね．受け入れ先の企業が身体障害者しか希望しないというお話がありましたが，企業側はなぜ発達障害者の方を雇用したがらないのでしょうか．

木村　たとえば耳が聞こえない人であればメールを使って仕事ができますし，車椅子の人は職場に段差がないほうが働きやすい．身体障害に対しては会社側で対応することが比較的わかりやすいですよね．でも，発達障害の場合，特性が人それぞれなので対応しなければいけないことが大きく異なる．そうなると，特に大きな会社ではマニュアル化できないため，雇用を避ける傾向があるのでしょう．

児玉　配慮しなければいけない部分が目に見える身体障害と違い，発達障害は配慮すべき点が見えないからどう対応してよいかわからないんですね．

　——そういう場合，相手方の企業に対して何かアドバイスするのですか．

木村　その人を理解するには，一緒に働いてみるのがいちばんなので，まず実習をして試してみてくださいとお伝えしています．発達障害の特性として「こだわりが強い」と言われても，言葉だけではよくわからないですよね．それが仕事でどう影響するのか，どのようにすれば仕事がうまく回るのかはやってみないとはっきりしない．

第7章　就労支援の団体づくり——101

——実習をしてみると，企業側にもその人が戦力になると伝わるのでしょうか.

木村　そうですね，一緒に働いてわかることはありますから.

児玉　発達障害の人を紹介するときは，その人の特徴をある程度知り，それに合うような職場を見つけて，実習してもらうことになるのですか.

木村　就労移行支援事業所は職業斡旋の事業ではなく，その人が働く力をつける場所です．企業との橋渡しには入りますけれども，基本的にはその人が会社に自分の特性をちゃんと説明できる力をつけることを重視しています.

——自閉スペクトラム症の方はコミュニケーションが苦手な場合が多く，自分の特性を説明するのが難しい人も多いのではないかと思うのですが，ペガサスさんのトレーニングによって克服できるのでしょうか.

木村　コミュニケーションや，言葉のキャッチボールは苦手でも，本人が自分のことを知っていれば説明することができ，自己理解ができるようになります.

児玉　ペガサスさんに来て，はじめて自分の苦手なことがはっきりわかったという人もいらっしゃるのですか.

木村　いらっしゃいますね.

——発達障害者の方を雇うにあたって，受け入れる相手先の企業にどのようなことを理解してほしいと思いますか.

木村　人それぞれ特性が異なると理解してほしいですね．たとえ発達障害でなくても，人それぞれ異なる部分はあるのだから，そういう意味では普通の人と同じなのだとわかってほしいです．誰にでも得手不得手があり，それを生かすのが会社の役割だと思います.

児玉　得手不得手の落差が大きいというだけですよね．みんなが何となくその場に合わせてうまく働いているだけで，実は普通の人にだって，これは得意でこれは不得意という特徴がありますから.

大切なのは会社との相性

——木村さんから見て，うまく就職できている当事者に共通する点はありますか.

木村　こういう人だからうまくいくというより，その人と相性の合う会社に入ればうまくいくケースが多いです.

——さっきおっしゃったように，いろいろなところに実習に行って，どの会社が合うか試してみることが重要なんですね．ちゃんと就職できたものの，長続きしなくて辞めてしまう人が多いと思うのですが，長く働くための秘訣はありますか.

木村　それも相性の問題ですね．言い換えれば「人と合うか，合わないか」です．会社は人がやっているので，会社の文化や社員のキャラクターがその人に合ってい

れば長続きするのではないかなと思います.

児玉 受け入れてくれる会社の中の人間関係も含めて, 相性があるわけですね.

木村 元気で明るい会社が合っている人もいれば, 静かで落ち着いた会社が合っている人もいます. 体育会系が苦手な人もいる. そういう社内の文化が本人と一致するかどうかです.

——では長続きしない方は, 会社と相性がよくなかったということなのでしょうかね.

木村 そうですね. たまに問題を起こす人もいるのです. 仕事ができないとか相性の問題ではなく, 一般常識で決められているルールをちょっと外れてしまうという人はたまにいますね.

——ルールを守らないと, 働くときに問題となりますよね. そういうときは, 会社の方に何か助言するのですか. それとも本人に「社会で働くためにはルールを守らなければいけないよ」と, 気づかせようとするのですか.

木村 気づかせようとはするのですが, もう完全に大人になっている人ですからね. 結果的に, 攻撃的な態度に出てしまう人がいるのです. 本人が権利や合理的配慮を履き違えてしまうケースもあります. そうなってしまうともうわれわれには対応ができないので, どこか別の機関でケアをしてもらうしかありません. 社会のルールの理解というのは, 自己理解とはまた別のことですから.

児玉 どこかで気づくとよいのですけれども, なかなかそれが難しい.

木村 そういう人たちが社会から外れた行動をとらなくなるにはどうしたらよいのか, われわれには対処できるスキルがないので悩んでいるところです.

児玉 そういう方たちはどこへ行っても仕事が続かなくなってしまいますよね.

——では, 会社でうまくやっていくには, 社会や会社のルールを守れることが, 大きなポイントになるのでしょうか.

木村 いや, それは最低限のことなので, 別の問題です. ルールを守っても続かないケースはたくさんありますし, やはり相性のよい会社で働くことがいちばんだと思います.

児玉 本当にマッチングが大事なのですね.

——木村さんは当事者の日頃の様子をみて, この人はこの会社と相性がよいのではないかと, お考えになるのではないかと思いますが, 当事者と会社の相性についてどのように見当をつけているのでしょうか.

木村 自分の感覚頼りですね.

——感覚ですか. 木村さんの目からみてこの人とは合わないと思っている会社に, 当事者の方が「行きたい」という場合もあると思うのですが, その場合はどうさ

れていますか.

木村 それは本人の自由であり，職業選択の自由ですよね.助言することもありますが，選ぶのはあくまで本人です.

障害を特別視せずに向き合う

——支援団体を経営していて，一般の人に伝えたいことはなんですか.

木村 発達障害の人は，どのような人たちなのかということを知ってほしいですね.やはり会社の中にも発達障害の人がいるケースは結構多くて，時には問題行動を起こす人もいます.でもその人は悪気があってやっているわけではなく，脳の構造や思考回路によるものなので，いくら批判して責めても治るものではない.もともとそういう人で，本人も治らなくて苦しんでいるかもしれないのだということを理解してほしいです.

——普通だったら，なぜそのようなことをやるのかわからないことをやられた場合に，発達障害の特性で出てきた行動なのだとまず理解して，本人をサポートしてほしいということですか.

木村 そうですね.

児玉 木村さんご自身，本を書いたり講演をしたりなど，社会に向けて情報発信をしていると思うのですが，そういうところに集まるのはどのような方が多いのですか.

木村 家族に障害がある人であったり，本人さんだったり，いろいろですね.年齢層もバラバラです.

児玉 きっとそういう人たちが困った末に木村さんのもとにたどり着いて，話を聞いて「よかったな」という感想をもつのではないかと思います.このような啓蒙活動はとても大事ですよね.中小企業を訪ねて話をする機会もあるのですか.

木村 あります.

児玉 そういう話を聞かれている中小企業の会社さんと，全然聞いていない会社さんでは，全然やはり意識がきっと違いますよね.

木村 そうですね，大きく意識が変わってくると思います.

——発達障害の方をサポートされていなかったときと比べて，木村さんの中で意識が変わったことはありますか.

木村 発達障害の人たちと同様，僕自身にも得手不得手があるんだと気づいて，昔はできないことも頑張ろうとしたのですが，今は頑張らないようにしています.できないことは頑張らず，できることで頑張る.そういう会社にしていきたいですね.

——自分の得意なことは自分でやって，苦手なことはそれを得意としている人に

頼むということですか.

木村 そうです.

——ペガサスさんでは発達障害傾向のある方を雇っていらっしゃるとお聞きしたのですが, やはりこういう支援事業をやられているので, 積極的に雇おうという気持ちでいらっしゃるのでしょうか.

木村 僕は発達障害とか精神障害の人とも普段から接しているので, 別に特別な人たちと感じていません. 会社に必要だったら雇うという感覚です. 障害者だから積極的に受け入れようとか, 逆に障害者の人は雇うと大変だからやめようではなくて, 必要だったら来てもらっています.

——障害者だからと区別はしていなくて, 本人を見て, その人の得意とするところが有用だから雇うということですね.

木村 ほかの社員と同じですよね.「障害者だから」という枕詞は特につけていません. 採用基準も普通と同じです.

——当事者の方の中には, 障害者とみられるのが嫌だという方も多いので, 普通の人と同じように長所をみることは重要でしょうね.

児玉 私たちはどうしても「発達障害の人」「精神障害の人」と思ってみてしまいますが, 木村さんから出るのは「人それぞれだよね」「いろいろな人だよね」という言葉で, 当たり前ですけれど, 同じ人なんだという目線がすごく新鮮です. 難しいかもしれないですが, 木村さんのように考えると, 意識が変わっていくのかなと思います.

——そういう意識があると, 会社側も「障害ではなくてこういう特性や特徴のある人なのだ」と受け入れられるのかなと, お話を伺って思いました.

木村 そもそも線引きが難しいじゃないですか. 診断した医者が「アスペルガーで障害者手帳3級相当」と書いたらそうなってしまうけど, 同じ人がほかの医者には「統合失調症」と書かれたかもしれないし, 何も書かれないで「君は病気じゃありません」と言われた可能性だってある.

——今は診断自体が難しいとも言われていますよね.

児玉 普通の人でも, ちょっと変わっている人はたくさんいますものね. でも木村さんのように経営者が全然分け隔てない経営をしていれば, 支援するスタッフもその思いを受け継いでいくのではないかと思います.

インタビューのまとめ

・発達障害の方々には，その人それぞれの人間の醍醐味がある．
・その人を理解するには，一緒に働いてみるのがいちばん．まずは実習のチャンスを作ってほしい．
・その会社にとって必要だと思われたら雇う．当事者の特性と会社の業務特性のあいだ，つまり「会社とその人の相性」は信じてみていい．

第8章　クリニックとの協働
──医師の視点と評価ツール

　吉田健一氏は精神科診療にとどまらず，リワークプログラムにより，復職にあたって重要な職場との調整やソーシャルスキル訓練を重視する姿勢で一貫しておられ，筆者と相通ずるものがある．このインタビューでは，吉田氏とご同僚の石川千恵子氏に，診療現場での課題や今後の展望について伺った．RIOMH 発達障害 2 軸評価ツールを活用し，知能検査でも発達のデコボコがはっきりしないタイプ（乖離，ディスクレパンシーがはっきりしないタイプ）の当事者にも，その方のもつ特性・傾向を踏まえた指導や環境調整を行うことで就労支援の実効性を高める取り組みを宮木と進めている．

吉田健一（よしだ・けんいち）氏──医療法人社団惟心会理事長／株式会社フェアワーク・ソリューションズ事業本部長．職場のメンタルヘルスに注力する精神科医で，都内でクリニック 2 か所とリワーク施設を運営．

石川千恵子（いしかわ・ちえこ）氏──医療法人社団惟心会 精神保健福祉士／株式会社フェアワーク・ソリューションズ システム開発担当．

インタビュアー・**宮木幸一**，鈴木知子氏

「適材適所」でつまずきをなくすために

　──吉田先生は東京・月島で診療とリワークに携わっています．実際に患者さんをみていて，発達障害の方はどのくらいいらっしゃいますか？
吉田　発達障害傾向の方はおそらく半分弱，3 〜 4 割いらっしゃると感覚的に思っています．リワークをはじめて 8 年になりますが，当初から「発達障害の傾向をもつ方がけっこういらっしゃるのではないか」という話が，われわれドクターの間で

も出ていました.

　最近は発達障害の認知が会社の方でも進んでいる影響もあり，2回，3回休職すると「発達障害の傾向があるのではないか」とダイレクトに紹介されるケースもあります.

　そして今はそうした紹介が増えている感じがします.うつ病の対応については会社の方のスキルがアップしてきて，きっちり対応すれば復職できるようになるところまで取り組みが進んできました.その反面，発達障害は難しいため専門家にお願いしようとする傾向が増えてきたのではないか.だから増えているように感じるのでしょう.

　——発達障害の傾向がある方とない方で，対応の違いはあるのでしょうか.心掛けていることがあれば教えてください.

吉田　まず口頭だけでは通じないタイプの場合には，なるべく文章でマニュアル化し，しっかり伝えていくことを心掛けています.患者さんや会社の方からコンタクトがあった時，最初の段階ではその方が本当に発達障害なのかはわかりません.会社や本人の認識としては「うつ病」の場合もあります.ですが，蓋をあけてみると発達障害の傾向があるのです.われわれとしては，発達障害の方も理解しやすいようなマニュアルを最初から全員にお配りしようと，マニュアル化をなるべく進めるようにしています.

　——個別に対応するというよりも，発達障害の傾向がある方もわかりやすいように視覚化したものを全体的に整備しているのですね.

吉田　なるべくその努力を進めているところです.

石川　発達障害の傾向のある方たちは，うつ病の方とは違います.うつの方は自分がどうしてこういう病気になったのか，内省して理解が深まる傾向が高いのですが，発達障害の方は自分がどうして上手くいかないのか気づきにくい.

　たとえば，「上司のお願いの仕方や，相手の質問がモヤッとしていると感じる→質問の意図がわからない.質問を聞きづらい→それに対してさらに質問はしづらいし」と私たちスタッフに相談してくることがあります.そのときに「なるべく箇条書きにして聞いてみてはどうですか？」「聞いてもいいか確認を取ってみるのはどうですか？」と具体例をなるべくだして，コミュニケーションの取り方を伝えています.

　——かなり具体化してご助言をしないとなかなか入っていかない.内省を促すだけではご自身では解決策が出てこないのですね.そうした方を支援していく中で感じるやりがいはありますか？

石川　元気になられる様子を見るのがいちばんのやりがいですね.もちろん現場で

壁にぶつかることはあるかもしれませんが、「こういうやり方でもう一度職場でやってみます」と具体的なイメージをもって仕事に戻られる方もいます。そうするとやはり支援してよかったなと思います。

一方で、具体的な手法やコツをつかめないまま仕事に戻られる方は心配ですね。また繰り返してしまうのではないか……、と心配しつつ送り出しています。

——発達障害の有無によって、復帰の割合は変わってくるのでしょうか？

吉田 残念ながら発達障害がある方の場合は、一度はつまずきやすいと感覚的には思います。復帰したあとも当院のカウンセラーが会社を訪問するケースがあるのですが、やはり発達障害の方はちょっとしたことでつまずいていたり、治療を終えた大うつ病（major depression）の方と比べると、長い付き合いになるケースもあります。

職場の上司の方から、リワークに問い合わせがくることもあるのですが、うつ病の方は「生活リズムが整い、元気になっている」という報告をよくいただきます。ただ発達障害の方は「理解のしづらさやコミュニケーションがうまくいかない」と問い合わせられる場合があって。なんとも答えに困るといいますか……。なにかいい方法がないだろうかと支援者として思うところはあります。

——職場の上司や同僚などの周囲に伝えたい、あるいは知ってほしいことはありますか。

石川 それぞれの特性に合わせて工夫をすることが必要なんだ、という理解が大切だと思います。「人を活かすための生産性のある作業だ」、そんな感覚が根付けばいいなと思います。

私も、理解が難しい人に箇条書きをするように促すのですが、正直なところ、自分が忙しいと煩わしく感じてしまいます。同様に一般の人も部下や同僚にアドバイスをする時間がすごくもったいないと感じてしまうでしょう。しかも会社からは自分自身の成果も求められます。ですが、部下や同僚をサポートすることも会社にとっての大事な仕事なのだという感覚が定着すれば、もっと発達障害の方が輝ける場所が増えるのかなと思っています。

吉田 関わっている中で「適材適所」という言葉を使う企業があるのですが、そのあたりの理解が徐々に進んできているのだと思います。「ではこの人に合った場所を考えますね」と言ってくださる会社は、いまのところうまくいっている感覚があります。

——その方の特性を活かすような、あるいはつまずきが起こらないように工夫されている状況は、働くご本人にとっても本当に幸せな状況でしょう。加えて、その会社の生産性も高まっていくのですね。

2軸評価ツールでつまずきを可視化する

——こちらでは先進的な取り組みとして ASD と ADHD の傾向がどのぐらいあるか等を視覚的に示す RIOMH で開発されたツール（発達障害の2軸評価）を実際に臨床応用していただいていますよね．そのあたりの活用事例について具体的なお話を伺えればと思います．まず全体的な印象として，このような視覚化するツールがどのように役に立つと感じているでしょうか．

吉田　参加していらっしゃる患者さんの受け入れが好評でした．皆さんが非常にスムーズに受けてくださったと思います．結果を説明する時も「ここは確かにあてはまる」「ここはあてはまらないかも」という話は出てきましたが，もう少し具体的にこちらから標準化された細かい質問があるとよりやりやすいと感じました．

そのようなものがあると，参加者の皆さんが自分の会社に帰るときに，会社の特性に応じた工夫ができるかもしれません．場合によっては会社側にレポートの一部をお渡しすることで「この社員さんはここでつまずくことが多かったようですが，御社の中で適材適所で配置していただけるのであれば，会社にとっても本人にとっても非常によいと思います」というようなことがお伝えできると感じています．

——この2軸評価ツールを開発するときには，発達障害の就労支援団体の意見を伺いました．視覚的にご自身が自分を理解していくこともあるのですが，ご自身の同意のうえで，それを職場の上司や同僚にみせ，「私はこういう性質があります」とコミュニケーションを取れるツールにしたいと考えていました．当初の開発の意図に合致していてありがたいなと思います．WAIS（ウェクスラー式）の知能検査を受けて乖離がはっきりしない結果でも，2軸評価ツールでは結果が陽性だったような事例はあるのでしょうか？

吉田　会社を何度か休んでいる方で，われわれ自身も発達障害があるのではないかと考えていた方がいました．しかし WAIS を受けると，乖離はそれほど明らかではなかった．

そのような方に，今回の2軸評価ツールを受けていただき，私の方で「具体的にどういったことで困っていましたか？」と質問しました．「冗談が通じないことがありますか？」と聞くと，「みんなが笑っているときに，自分はその冗談を真に受けてしまって途方に暮れた」というようなエピソードを本人から聞くことができました．あとは，表情認知が不得意な点がありました．当院のスタッフが患者さんにいろいろと指導するわけですが，何度も繰り返しの指導になってしまうので，敢えてやや険しい表情で指導することもあるわけです．ですが，おそらく本人にはそれが通じておらず，いつもマイペースに同じ主張を繰り返されている傾向があったの

です．スタッフにとってはストレスの部分でもありますが，理解したうえで乗り越えて支援していきたいと思うところです．

── WAISで確定診断を受けられる方もいますけれども，陰性でも実際に診断がつく方がいるとも思います．WAISでひっかからないため，実際に困っていたり，会社で問題が起きている……．感度の低さによる見落としを救い上げるような意味で役に立っているのではと思いました．

吉田 おっしゃるとおりです．

──これ自体で診断がつくことはないですが，国際的に確立されたスクリーニングツールを利用しているので，スクリーナーとしては間違いのないものだと思います．このような質問紙を使った方法は，実施者の技量や当事者の方との相性がよくなくても実施できます．専門家がいない地域でも使うことができ，さらにその結果を紹介先でも使える点に利便性があると感じています．このツールを利用して，苦手なことを新たに聞き出すようなこともあったのでしょうか．

吉田 たとえば臨床ではネクタイを締めるのが苦手という話を聞くことがあります．首周りの触覚の過敏，あるいは手先の不器用さによってネクタイを締めるのが難しいのです．しかし今回は歯茎の過敏性という意味で歯ブラシが苦手という話が出てきました．今まで聞いたことがなかったので，「ああ，そういうものなんだ」と思いました．

ただ会社の場合でより困るのは，歯ブラシが苦手なことよりも，ネクタイがうまく締められないこと，本人からすると首まわりが不愉快で仕事に集中できないことです．会社の規模や業界によって，そのことが問題にならない会社もあれば，問題視される会社もあります．そのあたりももう少し細かくみていくことで，会社側に「ネクタイが苦手なのでご配慮いただければ」という情報を出したり，出さなかったりできるのではないかと思いました．

──さまざまな特性は，かなり意識して聞かないとなかなか出てきません．歯ブラシのように，職場で問題にならないものもあれば，ネクタイのように問題になる可能性があるものもあります．でも本人から「ネクタイが苦手」と聞き出すことによって，ご自身の理解も深まるでしょうし，職場の方も知ることで配慮ができ，事前につまずきを減らすこともできるのでしょうね．

また，以前先生から伺った方についてのお話を聞ければと思います．

吉田 この方は非常に高学歴な方で，少し話しただけではなぜ休職に陥っているのか，発達障害の傾向があるのかどうかもよくわからないケースでした．しかし聞いてみると，場面の想像が苦手であるとわかってきます．「電話で相手に連絡を取ろうとするときに，相手が忙しいかもしれないな，と思うと電話できなくなってしま

う」と言っていたのです.「その人が視野に入っていて,実際に忙しくしていないことをみることができれば,安心はできるのだけれども」と,そのような困難がある方でした.

——トータルのスコアとして自閉症傾向のスコアが高めですよね.それをさらに詳しくみていくと,想像力の困難があるのですね.視覚理解は得意だけれども,場面を想像するイマジネーションの部分が不得意であることは下位尺度得点としても出ています.全体のスコアだけではなく,より特性が詳しく出てくることがあるのだとみていて思いました.

いくつか症例をご紹介いただきましたが.今後の応用,展望として,こういったツールは活用していけそうでしょうか.あるいは,実際にどのようにすればより当事者の役にたてるのか,ご意見を伺いたいと思います.

吉田 WAISの結果と実際の状況とのあいだを埋めるツールとして非常に有用だと感じています.WAISで結果が出ている人に関しても,下位尺度の部分や,自分が不得意な部分をひとつひとつあぶりだしていき,「自分はここが苦手」「ここでつまずいて傷つくことを考えると,職場でうまくふるまうことが難しい」とその人自身の言葉で言えたらいいのだと思います.そのうえで,実際に職場復帰するためには会社にどのようなことをお願いしたらいいのか,話すことができるでしょう.リワークを経て復帰する前に,検討してほしい部分を会社側に提案できれば,復帰後の定着率もより上がると思っています.

——ありがとうございます.そのような形でぜひ学術的な成果を実際の就労支援に生かしていただければ,われわれとしてもありがたく,やりがいのあることだと思っています.

インタビューのまとめ

・職場のうつへの対応は進んだが,発達障害が背景にあると復職に難しさが加わる.ここに専門家を活用する必要がある.有効なツールも多い.
・「適材適所」を探すことも会社の仕事——部下や同僚をサポートすることも,生産性に結びつく.

コラム3　発達障害の評価ツールに
ついて

　上記のインタビュー後，2017年秋頃から吉田先生のリワーク施設とクリニックでは，RIOMHの発達障害2軸評価ツールを活用した本格的な臨床応用がはじまり，宮木も担当医として参加する過程で手ごたえを感じています．

　インタビューにもあったような，知能検査で発達のデコボコ（乖離，ディスクレパンシー）がはっきりしないタイプの方も，2軸評価ツールでは鋭敏に陽性判定として検出できました．スクリーニング検査といわれるものはこれに限らず，スクリーニング結果のみで診断がつくものではありませんが，可能性が高い方を検出して効率的に精査につなげることができます．その後に国際的に用いられるDSM-5の診断基準に基づいて詳しく面接してみると，確定診断にいたる例がいくつもありました．

「病院でもはっきり診断できない」場合がある

　当事者ご本人は日常生活や職場での葛藤から「自分が発達障害ではないか」という疑問をもって医療機関を受診したものの，発達のデコボコがないからといって診断されなかったり，「発達障害は病気ではないから診断しなくてよい」といった疾患に関する誤解をもった医師からきちんと特性を評価してもらえなかったりして，もやもやしたものを抱えて葛藤に苦しみ続けていることはよくあります．

　近くに当該疾患に詳しい医師がいるかとか，そうした医師を紹介してもらえるかどうかという医療へのアクセスの良しあしの程度によって適切な医療や指導が受けられないことは，公平性の観点からも好ましくありません．2軸評価ツールのように，自記式調査票（self-administered questionnaire）として開発・妥当性検証されたスクリーニング質問紙であれば，実施者の影響を受けずに，だれでも自身での回答から客観的なスクリーニング結果を出すことができます．これは居住地や専門医との縁に依存せず均質な医療を受けることにつながるため，特筆すべき利点だと思っています．

自分で自分を知るツールとして

　この評価ツールは，実際に他院で診断がつかずに困惑していた方に対して，実施者に依存しない（名医や専門医であるかによらない）客観的なスクリーニング結果と正しい診断を示して，その方の特性に合ったアドバイスができるようになったことだけでなく，本人も自分の特性を理解して納得することにつながります．全国どこでも均一な専門的診療を受けられない現状では，意義がある取り組みと感じています（ちなみに医者の世界には，「後医は名医」という有名な言葉があって，これは後から診断する医師の方が情報が豊富なことが多いので正しい診断がしやすいという意味です．上記の診断例も決して最初に診た医師の診断能力に問題があるという趣旨ではないので念のため）．

診断の奥行に役だった事例──ASD か，ADHD か？

　他院で診断がつかなかった方を正しく診断できるだけでなく，少し専門的になりますが，発達障害の診療上で大切な（かつ患者さんにも結果としてメリットのあった）興味深い診察例がありましたので紹介します．

　その方は自閉症スペクトラム症（ASD）の診断で障害者手帳を交付されていて，感性の鋭さと表現意欲の高さで当事者の方々の集まりでも中心的な役割を果たすことの多い方でした．その方が休職中に人間関係でトラブルにあって強い抑うつ症状を来し，生きているのも辛くなったとのことで，ちょうど宮木の外来担当日に診察することになりました．

　意欲の低下や抑うつ気分，焦燥感，睡眠障害といった複数の症状に加え，希死念慮といって死にたくなるような気持ちも出ている強い抑うつ（大うつ病性障害）を認めたため，時間をかけて支持的にお話を伺ったうえで，SNRI（セロトニン・ノルアドレナリン再取り込み阻害薬）と呼ばれる国際的によく使われる抗うつ薬と不安を抑える薬を使って急場を凌ぎました．この時は障害者手帳に記載のあった ASD が中心的な病態で，社会性やコミュニケーションの障害に起因する人間関係のトラブルによって強い抑うつ症状が惹起されたものと考えていました．

　幸い初期治療が奏功してか，抑うつの極期は無事乗り越えることができ，落ち着いた生活を取り戻されましたので，抑うつ症状に対する対処はうまくいったといえましょう．ただし，いろいろやるべきことがあるのに焦ってばかりでうまく対処できないという症状も，大うつ病性障害の症状のひとつに焦燥感というものがあるため改善するかと思いきや，強い抑うつ症状が収ま

ってからもこちらはあまりよくならないようでした.

この時, 障害者認定の診断書で ASD による発達障害とはっきり書かれていましたし, 診察所見上も ASD として矛盾のないものでしたので ASD が病態の主体と判断していましたが, 2軸評価ツールを使って評価してみると, ADHD (注意欠如多動性症) の傾向もはっきり出ているではありませんか.

このスクリーニング結果に基づき, もう一度所見を取り直してみると確かに ASD であることは間違いないのですが, それに加えて ADHD の傾向が強くあって, 今回の問題は ADHD に起因する衝動性と捉えると症状の推移に説明がつくことがわかりました.

すなわち, 衝動買いをしすぎて家族との関係が悪くなったり, やりたいことややるべきことがたくさんでてきて順序だててひとつひとつ処理していくことができないことによるトラブルは, ASD やうつによるのではなく ADHD によるものであることが示唆され, 正しい診断にたどり着くことができました.

ADHD の方がもつ衝動性は, 理屈ではわかっていてもなかなか制御しづらいものがあり, ご本人の意志の弱さや育てられ方の問題ではなく, 脳の機能障害 (より詳しく言うとノルアドレナリンという神経伝達物質の機能不全) が主たる原因であることがわかっています.

ADHD で障害がみられる前頭前野と呼ばれる部位は, 自身の目標に従って考えや行動を整えることや, 適切な社会的行動の調節に関与することであり, その障害によって不注意や多動性, 衝動性といった症状を来すわけで, これには治療薬がいくつか開発されています.

この方にはコンサータ (一般名メチルフェニデート) という中枢神経刺激薬を服用してもらうことで, 前頭葉本来の機能を高めることができ, 衝動性を押さえて複数のことを順序だててこなしていくことが楽にできるようになりました.

この例で申し上げたかったのは, 正しい診断 (ここでは ADHD の合併) がつけば治療薬やそれに合った指導によって症状軽減が図れますが, この方が持参した診断書では ASD としか診断されていなかったため, ADHD の治療に結びついていなかったこと, そしてそれが2軸評価という客観的なツールによって (前医の ASD という診断に引っ張られることなく) ADHD 傾向も強いことが示唆され, 確定診断がついて適切な治療を受けることができたということです.

担当医の力量や患者さんとの相性, 紹介状や診断書の事前情報に依存せず,

どこでも客観的なスクリーニングを受けられるメリットはやはり大きいということを，この事例で実感した次第です．

　もちろんスクリーニングというのは偽陽性といってその後の診察で診断されないこともありますし，診断がついてもすべての人が治療薬に反応するわけではありませんが，居住地や専門医とのご縁を問わず正しい診断に早くたどり着くことに寄与するのは間違いないでしょう．

　現状ではすべての医療機関で発達障害に関する最善の診断・治療が受けられるかというと残念ながらそうではないため（そうした医療機関の絶対数がまだまだ不足しています），こうしたスクリーニングツールの活用により可能性が高い方を抽出して効率的に専門家を受診してもらい，より正しい診断・治療に役立ててもらえればと思っています．

誰でも利用可能なツールに向けて

　産業精神保健研究機構 RIOMH（リオム）ではこの2軸評価ツールの普及活動も行っていて，東京都内に限られますが現在利用可能な医療機関がいくつかあります．ご関心のある方は RIOMH の事務局（riomh-staff@umin.ac.jp）までお問合せください．

　またこの2軸評価ツールの優れている点は，単に国際的に確立されたスクリーニング指標であるということにとどまりません．発達障害という多種多様な特性の組み合わせを，二次元上で視覚的に把握することができ，別のメリットもあることがわかってきました．

　当事者自身が視覚的に自分の特性を理解することに役立つだけではなく，医療従事者や支援者がその方の特性を把握するのにも役立ち，リワーク施設での訓練でもそれを踏まえた助言や指導が行われつつあります．

　また，こうした個々人の特性を踏まえて職場で支障を来しにくくするための助言をするだけでなく，その方の特性にあった業務内容や職種について助言をすることにも結びつきます．本人の意向と職場環境によりますが，受け入れ先の上司や職場などに，自分の取扱説明書のように，こうした特性があるのでこのように配慮をお願いしたいといった説明にも役立ち得ます．つまりリワーク等での就労支援に活用しうるだけでなく，就労を継続するためにも活用しうる可能性を秘めています．

　客観的な指標で障害者の特性を視覚化し，それを踏まえて就労を支援したり，適した企業に人材紹介する際に活用してミスマッチを防ぐなど，単に医学的なスクリーニングツール以上の活用の余地が秘められているといえます．

発達障害に対する一般の方の理解だけでなく，治療者側の正しい理解が進み，すべての人が正しい診断・治療を受けられるようになることが，発達障害者やその特性をもつ方が本領発揮して社会で活躍する基本となると思われます．学術研究活動とは別に，微力ですが普及活動・応用活動を RIOMH で実践していますので，ご関心のある方は RIOMH のホームページ（http://riomh.umin.jp/）で動きをフォローしてくだされればと思います．

第9章　ソーシャルワーカーとの協働

──福祉の現場から見えてくるもの

　近藤友克氏は，東京都内で一般就労を目指す就労移行支援事業から就労継続支援 A 型（雇用契約あり），就労継続支援 B 型（雇用契約なし）まで幅広い障害者支援を行っている社会福祉法人「豊芯会」の常任理事である．統合失調症の方が中心だった利用者は近年は発達障害の方も増えており，現場レベルでも異なる対応を迫られている．その現状やそうした変化への取り組みを伺った．

近藤友克（こんどう・ともかつ）氏──社会福祉法人豊芯会常務理事．

インタビュアー・**宮木幸一**，鈴木知子氏

豊芯会の歴史と就労支援

　──豊芯会では幅広い活動をされていますが，どのような取り組みをされているのでしょうか．

近藤　まずソーシャルワーカーさんたちがソーシャルアクションを起こしながら，共同作業所時代がはじまったのが平成元（1989）年です．

　本部があるビルの 1 階にある「ハートランドひだまり」は平成 5（1993）年にオープンしました．店舗というかたちで一般の方に食事を提供するのと同時に，東京都の助成を受けながら高齢者を対象に食事を宅配する事業も行っています．

　平成 7（1995）年には現在の豊島区役所の 4 階にある「喫茶ふれあい」ができました．ここは精神障害の方の雇用を限定とした作業所ではなく，事業所をつくるように豊島区から言われ，店長の経費は全部出す形で特別な助成金をいただきました．画期的な取り組みだったと思います．現在は就労継続の A 型として障害をもつ方々を雇用しています．豊芯会の法人ができたのが同じ年です．

118──第Ⅱ部　職場の発達障害サポートの現場

「ジョブトレーニング事業所」「ジョブトレーニング事業所就労継続支援 B 型」
では就労支援を行っています．そのほかにも，通所型の自立訓練施設や，生活介護
事業も行っています．

　統合失調症の方の支援を行っており，大きく分けると就労支援と生活支援の両方
をやっています．相談支援事業，グループホーム，生活介護，また就労継続支援
A 型，B 型，就労移行支援に取り組んでいます．

　──こちらは何名ぐらいの方がいま働いていらっしゃるのですか．

近藤　「ジョブトレーニング事業所（多機能型）」の定員が 40 名です．実際の登録
者は 60 名ほどいらっしゃいます．Ⅲ型の「ハートランドひだまり」は 20 名ほど．
「こかげ」は通所ではなく電話相談も受けているので，かなりの数の利用者がいま
す．グループホームは現在 5 部屋です．自立訓練は生活介護と併せてやっています
ので，利用者の方があわせて 30 名ほどいらっしゃいます．「ハートランドみのり」
の登録者は 20 名ほどです．

　──就労支援の A 型と B 型があるとのことですが，そのような就労が可能な方
　は何十人いらっしゃるのでしょうか？

近藤　一般就労を目指す就労移行支援事業の登録者は，8 名いらっしゃいます．A
型は 23 名ほどです．この方たちは，就労している，または雇用して働いている障
害をもつ方，一般就労を目指す方です．B 型は別に 20 名ほどいらっしゃいます．
B 型でもともと就労希望されていて，ステップアップしていきながら一般就労する
流れがけっこう多いですね．

　──統合失調症の方が多いとのことですが，発達障害の方が増えてきたと感じる
　ことはありますか？

近藤　ここ 3，4 年です．特に移行支援事業所で一般就労したい方に診断名をお聞
きすると，発達障害の方が多くなった印象です．B 型は統合失調症，A 型は統合失
調症と知的障害の方が多く，発達障害の方はいまのところ A 型 B 型にはいらっし
ゃらないです．

　──発達障害の方は一般就労を目指しているのですね．統合失調症などの方々と
　違う点や同じ点はありますか．

近藤　「統合失調症」と一言でいっても，能力の高い方も，症状が重い方もいらっ
しゃいます．発達障害の方は，ある部分の能力が優秀なのだけど，コミュニケーシ
ョンがうまくいかない等，そういった特徴がありますよね．支援の方法としてベー
スは同じだと思いますが，アプローチの仕方が違うと感じています．まだわれわれ
自身も模索中なので，これから勉強していかなければいけないと感じているところ
です．

統合失調症と発達障害との支援の違い

　——今まで積み重ねてきた統合失調症の方への指導が，発達障害の方ではうまく
　いかないケースはあるのでしょうか？　具体的な事例などはありますか．

近藤　B型も移行支援事業も作業を行います．そのときに，統合失調症の方は口頭
でお伝えしてもわかってくれます．しかし発達障害の方の中には，可視化して伝え
たほうがいい場合もあるのではないかと感じています．またわかったと本人が思っ
ていても，違う作業，違う手順になってしまうこともある．そういう場合はきちん
とチャートにして，「見える化」すると「すごくわかりました」と反応があります．

　——曖昧な指示だと……．

近藤　だめなんですよね．統合失調症の方はニュアンスでわかるのですが，発達障
害の方にはわかりづらいのかもしれません．わかれば正確にやっていただけるので
すが，そこまでわかってもらうための手順が必要です．

　——ミスがないようにマニュアル化するのは素晴らしいですね．一般的な統合失
　調症の方でも視覚化することは役にたちますか．

近藤　やはり役にたちます．

　——統合失調症の方の中にも，曖昧な指示でもわかってくださる方もいれば，そ
　うでない方もいると思います．マニュアル化や視覚化があったほうがいいと思う
　方は，どれくらいの割合いらっしゃいますか．

近藤　6割ほどはあったほうがいいと思います．というのも，長く通所している方
も多く，そのような方は仕事のパターンをおぼえているのでマニュアルはいりませ
ん．しかし新しく入ってきた方には，そういった手順書が必要でしょう．

　——発達障害にもバリエーションがあると思うのですが，統合失調症の方にもい
　ろいろな方がいらっしゃいますよね．指示の出し方でタイプ別に気をつけている
　ことはありますか？

近藤　もちろんニュアンスでわかる方ばかりではないです．われわれがやっている
作業として，ダイレクトメールをつくるものや，ポスティングの仕事があります．
ダイレクトメールの場合ですと，さきほど言ったように丁寧にお伝えしないと手順
が間違ってしまいます．そこはマニュアルのようにみんなで共有し，目で見て，こ
れをやったらこのようにすると確認します．

　知的障害の方も若干はいらっしゃいますけれども，そんなに重度の方はいません
ので，理解力がかなりある方が多く，そんなに苦労はしていません．

　あとは体調管理の面ですね．発達障害の方は調子の波がないので，コンスタント
に出勤してこられます．一方で精神障害の方には波があるので，出席に問題があり

ます．今日がよくても明日はダメなこともある．でもわれわれはいい方で，通所率が7割ほどあります．6割が通説なので，比較的高いと思っています．

　——海外の研究では，自閉症の傾向は連続的（スペクトラム）に分布しており，一般の方でも自閉症傾向があることがわかりました．われわれが日本において一般の職場で働いている数千人の方を追跡調査したところ，一般就労している会社員の方でも，自閉症の傾向が連続的に分布していることが明らかになりました．つまり統合失調症がある方の中にも，自閉症傾向の強い方もいれば弱い方もいると考えられます．

　ですからマニュアルをつくるなど発達障害の方にとって働きやすい工夫をしたのは，なるほどなぁと思いました．これから発達障害の方への支援も現場で少しずつ工夫しながら行っていくのでしょうか．

近藤　そうですね．まだ本当に手探り状態です．ただこれからも発達障害の方の受け入れが増えていくと予想されます．法人内でも研修をするなど，支援の仕方や障害の特徴を勉強していきたいと考えています．

周囲に理解者を

　——統合失調症の方はここでサポートしている期間の長い方もいると思うのですが，発達障害の方はどのくらいの期間通っていらっしゃるのでしょうか？

近藤　発達障害の方は，就労移行支援事業所に多く，就労移行は原則2年のため，長期間とどまる方はいまのところいらっしゃいません．最長2年で一般就労していきます．

　——それで足りない方はいらっしゃいますか．

近藤　中にはいらっしゃいますね．ただ発達障害の方で延長された方はいません．

　——では2年あれば十分なのでしょうか．

近藤　そうですね．段階を踏んでもらいながら就労に向かうような取り組みを行っています．

　——発達障害の方のサポートをするにあたり，配慮しなければいけないと感じている点はありますか？

近藤　まず発達障害についてそんなに専門的に勉強しているわけではないことを断っておきたいと思います．その上で，発達障害のある方は，ある能力は秀でているけれども違う面は全然ダメなことがありますよね．いい面は残していきながら，いかに違う部分でバランスがとれるようにしていくのかが課題です．技術職として得意なことだけをやっていればいいなら別ですが，事務などの仕事につくとオールマイティにこなすことが求められます．そうなるとコミュニケーションも取れないと

いけないし，事務的なスキルも必要です．それらの弱い部分をどうやって伸ばしていくのか考えています．

　　——「弱い部分」というのは，コミュニケーションの点ですか？

近藤　そういう方もいらっしゃいますね．自分はいろいろできるけれども，人に伝えるのは苦手な方もいます．人と接することが不得意な方もいらっしゃる．そういう方だと，職場環境で理解してくれる方がいないと浮いてしまうのではないかと思います．当然のことなのですが……．

　　——上司や同僚に理解者がいるといいですよね．

近藤　統合失調症も同様なのですが，職場の皆さんになかなか理解いただけない環境なのです．そういう方がひとりでも2人でもいるかいないかで，だいぶ違うのかなと．就職はできても長続きできない人は，結局そのようなところでつまずいているのです．

　　——支援をしている側として，やりがいを感じるときはありますか．

近藤　その方に寄り添いながら，目標に到達していく過程，それを一緒にやっていくことにやりがいを感じます．就労はひとつのゴールですが，どこでも就職できればいいというわけではなく，その方の希望の中で考えていくものです．

　　ただ希望が本当に適正にあっているのかという問題もあって「これをやりたいかもしれないけど，やっぱり無理だよね」と伝えてあげないといけない部分もあります．その中である程度本人も納得した上で，就職というステップにたどり着くと思うのです．そうした上で就職というひとつのワンステップにたどり着くと思うのですね．

　　——中にはそれに納得してくれない方もいると思うのですが，その場合はご本人の希望を優先させるのでしょうか？

近藤　そうですね．話し合いをしますが，本人がどうしてもやりたいというのであればトライする機会をもってもらい，ご自分で気がついていただければと思っています．

　　たとえば職業能力開発校では委託訓練事業をやっているので，そういったところでやりたい職種の委託訓練を実際に取り組んでもらっています．そのうち自分の適性などを知ることができるのです．さまざまなアプローチをしてみることで，本人が思っているのと違うよい面も発掘できる可能性があります．

　　——就職してから自分に合っていなかったと気が付いて戻ってこられる方もいますか？

近藤　そういう方もいらっしゃいます．今年も何人かいました．

　　——そうすると，実際に身をもって体験されたので，自分にどのようなものが適

しているのかを理解されているのでしょうね.

近藤 どのようなところが苦手なのか,どこでつまずいてしまうのかを振り返りながら,どのように介入できるのか考え,移行支援に戻ってやっている段階です.

——支援している立場として辛いなと感じることはありますか.

近藤 なかなかうまく意志の疎通ができず,アドバイスが裏目に出てしまってやめていく方もいらっしゃいます.少数ですけれど,人間相手ですので…….

——相性のようなものがあるのでしょうか?

近藤 相性もあるかもしれませんし,やはりそこまで到達させてあげられなかったと思うと,こちらも辛いです.

——基本的にはその方の就労したい意志を尊重し,適性がないかもしれないけれど一度やってもらうというのは興味深いですね.本人は自分のことについて理解できていなかったりします.対人的なことが苦手であるにもかかわらず,希望される職場ではそれが要求されるかもしれない.そういったミスマッチを体験してもらう中で感じてもらいながらも,努力で適応できる部分は適応し希望の職に就かれるようにサポートされているのだなと思いました.

継続的な就労支援のために

——発達障害のことについて,以前よりはかなり知られるようになったと思うのですが,一般の方に知ってもらいたい点はありますか.

近藤 統合失調症でもそうなのですが,「障害」の面だけではなく,個性として捉えてほしいです.秀でているところとそうでないところの差があるのですが,それって人間には誰にでもあると思います.その程度の差です.

ただその特徴がわからないため,いきなり大声を出したり,心の声をしゃべりだしたら「何?」「えっ,なんで?」と周囲はびっくりしてしまいます.

発達障害にどのような特性があるのか,よい面と気をつける面はどこなのか.われわれ福祉職の研修では知ることができますが,広く社会に向けての啓発活動がまだまだ進んでいないと思います.

——特別な人と捉えるのではなく,個性として認めてほしいということですね.

近藤 そうですね.

——当事者の方だけではなく,周囲の方も疲弊することがあると思うのですが,そういった方たちにアドバイスはありますか.

近藤 若い職員の方もいますので,どうしたらいいのか支援で悩んでいることもあります.われわれの場合は,先輩ソーシャルワーカーが週2回の振り返りの中でスーパービジョン(事例を大きな見地からみてフィードバックすること)をやっても

らいます．短い時間ですが，「このメンバーさんはどうでしたか？」「あなたはどう感じましたか？」「どうアプローチしたの？」と具体的に先輩から話をしてもらいます．

——先輩たちからどうしたらいいのかを学んでいくのですね．精神障害者や発達障害者の受け入れを躊躇してしまう会社もあると思うのですが，どの点に躊躇している会社が多いと感じますか？

近藤　対処の仕方がわからない点でしょうね．以前よりもよくなったとは思うのですが，精神障害の場合は知的・身体障害に比べてどう付き合っていいのかわからないと感じる人が多かった．ですがいまは会社側に算定基準もあり，知的・身体障害も飽和状態で，精神障害者を採っているのだと思います．たぶん職場としてはおっかなびっくりで，なにかあったらどうしようと考えているのだと思います．

——なにが起こるかわからないと思っているのでしょうか？

近藤　精神障害の場合は，「調子が悪いと休む」「続かない」といったイメージがあるようで，躊躇してしまうようです．ですがある程度の環境をつくっていけば，段階的ではあるけれどちゃんと続いていくのです．

職場の定着支援では，そういったところのフォローに力を入れています．向こうの会社から「最近こんなことがあって困っている」と電話があると，スタッフが会社訪問する．本来は就職したら就労移行は終わりなのですが，今度は定着支援のサービスも必要になってくると思っています．職場に出向いて上司の話を聞き，利用者さんの意見も聞く．そのような調整がないと長続きしないでしょう．

——そうですね．そういうサポートしてくれる方がいるとお互いにとってすごくいいですよね．

近藤　そうなのです．現時点は「ジョブコーチ」といってもできることは限られています．事業所から電話がかかってきて，結局我々が無償でフォローするという現状です．

——受け入れ先の企業にはどのようなことを知ってほしいですか？

近藤　マイナス部分だけではなく，すぐれている点もお伝えすることは意識しています．ただつまずいてしまう傾向もある．そこは具体的にお伝えしないといけません．よい面とつまずいてしまう面の両方を頭に入れておいてもらって「なにかあったらご連絡ください」と言える体制ができているといいですよね．

——そういったサポートがないと，お互いに不安な状態が長続きしますよね．今井理事長（第6章）もおっしゃっていましたが，職場で働くときには同僚や上司に理解者がいると能力を発揮しやすいでしょうし，つまずいたときもサポートを受けやすいと思います．ただそういった職場はなかなかないものですよね．

ですから就労支援の後の継続支援のほうで，専門家の方がサポートし，会社の方に本人の特性を知ってもらったり工夫する点を共有するような取り組みを，地道にやっていくしかないのだと思います．

　また産業医や産業保健師が常駐している会社であれば，問題が起こっていなくても定期的に話を聞いてフォローアップすることもできるのかもしれません．ですがすべての会社がそういった環境でもないと思います．そういった産業医や産業保健師のサポートを普及させていくと同時に，普通に働く方々の理解も向上させていくことが課題なのではないかと思っています．

これまでのインタビューを振り返って

　第9章のインタビューにもあるように，都内の就労移行支援事業・就労継続支援事業の現場でも，以前は統合失調症の方が中心だった就労支援現場で，発達障害をもつ方の利用者が増えていることがはっきりとみて取れます．

　繰り返しになりますが，発達障害は生来もって生まれた特性なので，急激に発達障害の特性をもつ方が日本の社会で増えたというよりも，社会情勢・労働環境の変化により，もともとそうした特性をもつ方が「生きづらさ」「働きづらさ」を感じるような社会に日本がなってきたため顕在化してきたと考えられます．

　本インタビューを行った就労支援現場でも，業務や作業の手順を整理してマニュアル化を進めることで，そうした特性をもつ方が働きやすくなることを実感されていましたが，印象的だったのはこうした工夫が発達障害でないほかの障害者の方々にも役立っているということでした．すなわち，発達障害者が働きやすい環境は，大なり小なりそうした傾向をもちつつも発達障害というほどではない多数派の人たちにとっても働きやすい環境であることをこの事例は示していて，業務上の工夫や職場の環境づくりが社会全体にとっても好ましいことを示唆していると思います．

　障害をもつ方が働くと周囲の人の仕事が増えて大変というステレオタイプなものの見方から，障害をもつ方が働きやすい工夫をして障害をもつ方に力を発揮してもらい，障害をもたない人も働きやすくなるようなユニバーサルな工夫をして，「全員が受益者」になるような働き方の工夫・職場環境の整備をしていこうという「社会を分断しない」考え方にシフトしていく必要があると強く感じる所以です．

精神障害者の雇用のポイントを考える

　法定の障害者雇用率が上昇する中で，身体障害者の雇用は比較的進んでいる半面，精神障害者の雇用はなかなか進んでいませんが，インタビューで近藤理事が指摘されていたように，精神障害の場合は「調子が悪いと休む」

126——第Ⅱ部　職場の発達障害サポートの現場

「続かない」といったイメージがあるために雇用を躊躇してしまうのかもしれません.

　ただ「ある程度の環境をつくっていけば, 段階的ではあるけれどちゃんと続いていくのです」という近藤理事からの現場の声の通り, 障害の特性に合わせた環境を整えれば優れた能力を発揮する方は精神障害者でも確かにたくさんいらっしゃるのは筆者も診療現場や産業医業務で感じており, こうした潜在的に能力のある方を労働市場から退出させてしまう現状は日本の経済全体を考えても経済的合理性のないことです.

特性を知ることの大切さ

　50人以上働いている職場では労働安全衛生法の規定で産業医の選任が義務づけられていますし, 大手企業では企業内に常勤の産業看護師・産業保健師がいたりもしますので, そうした既存のリソースを活用しながら, 発達障害の特性を生かして就労継続できるような取り組みが求められていると思います.

　「発達障害2軸評価ツール」で特性を数値化・図示化して, その方の特性に応じた業務や仕事をマッチングする試みについて前章で触れましたが, 当事者の適性にあった仕事選びに加え, 近藤理事のコメントにもあるように仕事に就いてからも安定して就労継続できるような支援が必要とされています. 信じられないかもしれませんが, コミュニケーションがきわめて苦手な方に限ってやりたい仕事を挙げてもらうと, 対人コミュニケーション能力や調整能力が非常に要求されるような仕事を希望されることがままあります. 最終的に意思決定するのは当然ご本人ですが, 苦手を克服して無理しながらでも頑張るという方法以外に, もっと自然に力を発揮できる可能性があることはお伝えするようにしています.

　特性のマイナス面だけでなくプラス面も伝え, つまずきやすいポイントとそれを回避するためのアドバイスを当事者だけでなく職場関係者・支援者にも伝え, 何かあったら関係がこじれる前に相談できる体制が望ましいと思います.

事業所の規模と支援

　産業医などによる産業保健サービスがどれくらい受けられるかは，企業規模に応じて格差が大きいこともわかっており，産業医がいるかどうかも知らなければ健康診断も受けっぱなしで何のフォローもされていない方もたくさんいます．

　一部の大企業がモデルケースとなるような働き方の工夫や環境整備をするだけでなく，われわれ国民の多くが働く中小・零細企業でも実施可能な働き方の工夫やサポート環境の整備，実効性のある合理的配慮が必要とされています．

　IT を駆使して産業保健サービスを合理化・システム化し，個別に産業医や保健師を雇うことが経済的に難しい企業でも，大企業並みの産業保健サービスが受けられるような東京大学発ベンチャー「ウェルネスト」（https://wellnest.co.jp/）のような取り組みもはじまっていますし，社内の産業医や保健師にあまり頼れない場合でも，本書で紹介したような外部リソース（各種患者会や就労支援団体，理解ある医師，など）を活用したりすることで，就労中のつまずきを減らし，働きづらさを減じ，障害の有無を問わず本来の力を発揮して就労継続できるような社会となることを祈念し，できることは限られますが努力を続けています．

　一般の方にとっては縁遠い話も多かったかもしれませんが，近年話題になることの多い発達障害の特性をこのように捉え，さまざまな職種・立場から発達障害者の就労を支援している人々がいることを一連のインタビューの「生の声」を通して実感をもっていただくことができれば筆者として望外の喜びです．

　ひとつの考え方として，障害をもつ人ともたない人を分断して考えるのではなく，障害をもつ人が働きやすい職場・社会にすることが，障害をもたない人にとっても働きやすい職場・社会に繋がり，社会全体の生産性も高まって経済発展にも寄与しうる，という考え方を一度してみることをお薦めし，一連のインタビューの締めくくりの言葉といたします．

第Ⅲ部　当事者に役立つサービスやツール

　ここでは，当事者やサポートをする方に役立つサービスやツールなどのリソースをいくつか紹介いたします．

　［1］　発達障害者を支える障害福祉サービス
　［2］　働きやすさの指標になるリオム（RIOMH）認証
　［3］　発達障害の2軸評価ツール
　［4］　ADHDとうまくつきあうためのヒント

[1] 発達障害者を支える障害福祉サービス

われわれが RIOMH で作成して無償配布している資料「発達障害者を支える障害福祉サービス」を掲載します．

繰り返しになりますが，発達障害が原因でおこる問題は「薬だけで治す」「精神論で治す」といった単一の方法で解決することはきわめてまれです．医学的治療・サポートのみならず，周囲に支援者や同じ悩みをもつ人をみつけ，この資料で紹介してあるようなさまざまな社会的資源も積極的に活用し，総合的に対処してもらえればと思います．

発達障害者を支える障害福祉サービス等

障害福祉サービスを利用することは，社会生活や日常生活全体を今以上に「過ごしやすく」することにつながります．行政や民間のサービスを有効に利用しましょう．

サービスを受けるということは「障害」と向き合うことになりますが，自分の特性や個性を把握し，支援を利用しながら社会生活を営んだり，就労を継続することができます．

> サービスを利用するときには…
> ①困っている内容や希望する支援は？
> ②今の状況は？
> をメモやまとめておくと相談がスムーズです

利用できる福祉制度やサービス

1. ご本人の支援に関するもの

▶手帳制度の利用

障害をもつ人が福祉サービスを受けやすくするために制定されています．税制面や国民保険料の控除および減免税，公営住宅の優先入居，交通機関の割引，生活福祉資金の貸付などの福祉サービスを受けられます．サービス内容は異なる場合がありますので，お住まいの福祉担当窓口にお問い合わせください．

①療育手帳：知的障害児・者に対して，一貫した指導・相談等が行われ，各種の援助措置を受けやすくすることを目的としています．申請は市区町村の窓口で行います．18歳未満の場合は児童相談所，18歳以上の場合は知的障害者更生相談所で障害の程度の判定を受け（IQ70〜75以下），結果に基づき交付されます．

②精神障害者保健福祉手帳：一定の精神障害の状態であることを証する手段となり，各種支援施策を講じやすくすることにより，精神障害者の自立と社会参加の促進を図ることを目的にしています．申請は市区町村の窓口で行い，精神保健福祉センターで審査が行われ，認定されると交付されます．

▶医療制度の利用

発達障害で受診した医療費の9割が給付され，原則，自己負担は1割です．所得が低い人は自己負担額の上限が低くなります．受給は通院による精神医療を継続して必要とする場合です．申請は，市区町村の窓口で行い，精神保健福祉センターで審査が行われ，認定されると利用できます．

2. ご本人や家族の相談・支援機関

▶発達障害者支援センター　http://www.rehab.go.jp/ddis/

全国の都道府県に設置された，発達障害に重点を置いた支援機関です．発達障害児（者）とその家族が豊かな地域生活を送れるように，保健，医療，福祉，教育，労働などの関係機関と連携し，地域における総合的な支援ネットワークを構築しながら，発達障害児（者）とその家族からのさまざまな相談に応じ，指導と助言を行っています．日常生活の問題や悩み等，困ったときには最寄りの発達障害支援センターを利用しましょう．

センターの役割は大きく分けて4つあります．

①相談支援：発達障害児（者）とその家族，関係機関等から日常生活でのさまざまな相談（コミュニケーションや行動面で気になること，保育園や学校，職場で困っていること）などに応じます．また，必要に応じて，福祉制度やその利用方法，保健，医療，福祉，教育，労働などの関係機関への紹介も行います．

②発達支援：発達障害児（者）とその家族，周囲の人の発達支援に関する相談に応じ，家庭での療育方法についてアドバイスします．また，知的発達や生活スキルに関する発達検査などを実施したり，発達障害児（者）の特性に応じた療育や教育，支援の具体的な方法について支援計画の作成や助言を行うこともあります．その際，児童相談所，知的障害者更生相談所，医療機関などと連携を図ります．

③就労支援：就労を希望する発達障害児（者）に対して，就労に関する相談に応じるとともに，ハローワーク（公共職業安定所），地域障害者職業センター，障害

者就業・生活支援センターなどの労働関係機関と連携して情報提供を行います．必要に応じて，センターのスタッフが学校や就労先を訪問し，障害特性や就業適性に関する助言を行うほか，作業工程や環境の調整などを行うこともあります．

　④普及啓発・研修：発達障害をより多くの人に理解してもらうために地域住民向けの講演会を開催したり，パンフレット，チラシなどを作成，発達障害を支援する保健，医療，福祉，教育，労働などの関係機関の職員や，都道府県および市町村の行政職員などを対象に研修を行います．

3. 就労に向けた支援機関

▶ハローワーク（公共職業安定所）　http://www.mhlw.go.jp/kyujin/hwmap.html

　個々の障害特性に応じたきめ細かな職業相談を実施するとともに，福祉・教育等関係機関と連携し，就職の準備段階から職場定着まで一貫した支援を実施しています．障害者手帳をもつ人の就労を支援するのが専門援助部門となり，専門援助窓口（障害者就労窓口）が設けられています．利用するには，求職登録をします．ハローワークは公的な就労支援の起点となる場所です．

　①障害者トライアル雇用事業：障害者を一定期間（原則3カ月間）の試行雇用することにより，適性や能力を見極め，求職者と事業主の相互理解を深めることで，継続雇用への移行のきっかけ作りを目的としています．

　②若年（34歳以下）コミュニケーション能力用支援者就職プログラム：発達障害の要因によりコミュニケーション能力に困難を抱えている求職者について，個別支援を行うとともに，障害者向け専門支援を希望する方に対しては，地域障害者職業センターや発達障害者支援センター，障害者就業・生活支援センター，ハローワークの専門援助機関等に誘導を行っており，コミュニケーション能力に困難を抱える要支援者向けの総合的な支援を行っています．障害者向けの専門支援を希望しない方については，就職支援ナビゲーターがきめ細やかな個別相談（面談・技能トレーニング・事業所見学等）や支援を実施しています．

▶地域障害者職業センター　http://www.jeed.or.jp/

　地域障害者職業センターは，独立行政法人高齢・障害・求職者雇用支援機構（JEED）が運営し，各都道府県に設置されています．障害者に対して，職業評価，職業指導，職業準備訓練，職場適応援助等の専門的な職業リハビリテーション，事業主に対する雇用管理に関する助言等を実施します．ハローワークと密接な連携をとっています．

　①職業準備支援：就職の希望などを把握した上で，職業能力等を評価し，それらを基に就職して職場に適応するために必要な支援内容・方法等を含む，個人の状況

に応じた職業リハビリテーション計画がなされます．センターではひとりひとりの状況に応じ，個別カリキュラムを作成して支援します．さまざまな訓練を通して，職場で安定して働き続けられるよう支援をしています．終了後はハローワークによる職業紹介，ジョブコーチによる支援等につなげていきます．

　②ジョブコーチ（職場適応援助者）による支援：職場にジョブコーチ（職場適応援助者）が出向いて，障害特性を踏まえた直接的で専門的な支援を行い，障害者の職場適応，定着を図ることを目的としています．障害者本人だけでなく，事業所や家族も支援の対象となります．

　③精神障害者総合雇用支援：精神障害のある方および精神障害のある方を雇用しようとする，または雇用している事業主の方に対して，主治医との連携の下で，雇用促進，職場復帰，雇用継続のための専門的支援を行います．雇用管理に対する助言，援助も実施しています．

ジョブコーチ（職場適応援助者）支援とは？

・障害者が職場に適応できるよう，障害者職業カウンセラーが策定した支援計画に基づいてジョブコーチが職場に出向いて直接支援を行います．
・障害者が就職するに際しての支援だけでなく，雇用後の職場適応支援も行います．
・障害者自身に対する支援に加え，事業主や職場の従業員に対しても，障害者の職場適応に必要な助言を行い，必要に応じて職務の再設計や職場環境の改善を提案します．
・支援期間は，標準的には2～4カ月ですが，1～8カ月の範囲で個別に必要な期間を設定します．ジョブコーチによる支援を通じて適切な支援方法を職場の上司や同僚に伝えることにより，事業所による支援体制の整備を促進し，障害者の職場定着を図ることを目的にしています．

▶障害者就業・生活支援センター

　障害者の身近な地域において，雇用・保健福祉・教育などの連携拠点として就業面および生活面における一体的な相談を実施しています．全国に332センター（2017年4月現在）が設置されています．発達障害に特化して専門性のある対応をする機関ではないので，あくまでも次なる機関への橋渡しを行ってもらえる機関と位置付けるとよいでしょう．

134——第Ⅲ部　当事者に役立つサービスやツール

4. いろいろな相談・支援窓口や団体

　そのほか，お住まいの身近なところにも窓口はあります．悩んだり，困ったりしたときには，ひとりで問題を抱え込まないで，相談窓口を利用しましょう．患者会や家族会に参加して同じ悩みをもつ人たちと話をすることで，アドバイスをもらったり，ヒントがみつかったりして楽になることもあります．

▶**精神保健福祉センター**　http://www.mhlw.go.jp/kokoro/support/mhcenter.html
　精神保健の向上および精神障害者の福祉の増進を図るために設置された相談機関で，都道府県または政令指定都市に設置されています（東京は3カ所）．

▶**保健所**　http://www.phcd.jp/03/HClist/

▶**市区町村（保健センター）**　お住まいの市区町村の保健センターの窓口

▶**療育センター**
　発達障害や自閉症，肢体不自由など障害をもつ子どもが社会的に自立できるよう，医療や保育，機能訓練などを行います．医師，保育士，理学療法士，作業療法士，言語聴覚士，言語療法士，臨床心理士，児童指導員，介護福祉士など専門家の指示のもとに，子どもの状況に合わせてリハビリを受けることのできる施設です．

▶**発達障害教育推進センター**　http://icedd.nise.go.jp/
　発達障害のある子どもの教育の推進・充実に向けて，発達障害にかかわる教員および保護者をはじめとする関係者への支援を図り，さらに広く国民の理解を得るために，Webサイト等による情報提供や理解・啓発，調査研究活動を行うことを目的としています．

▶**東京都社会福祉協議会**　http://www.tcsw.tvac.or.jp/info/links/links02.html
　発達障害関連サイトリンク集が掲載されています．

▶**神奈川県社会福祉協議会**　http://www.knsyk.jp/
　セルフヘルプグループのリンク集の中に，発達障害者のサイトが掲載されています．

▶**発達障害に関わる親の会（東京）**　http://www.mdd-forum.net/clickmap/pref12.html
　発達障害関連のサイト集．対象，所在地，URL，会の説明が掲載されています．

▶**特定非営利活動法人　東京都発達障害支援協会**　http://www.t-shien.jp/

▶**一般社団法人　日本発達障害ネットワーク（JDD）**　http://jddnet.jp/

▶**特定非営利活動法人　東京都自閉症協会**　http://www.autism.jp/

▶**神奈川県自閉症協会**　http://www.kas-yamabiko.jpn.org/

第Ⅲ部　当事者に役立つサービスやツール——135

　大人の発達障害に関しては十分な対応ができるメンタルクリニックや精神科はまだ少ないので，身近に専門的に扱っている医療機関がない場合は，かかりつけ医や上記のような支援団体で紹介してもらうのがよいでしょう．RIOMH での相談・診療は現在検討中です．

136——第Ⅲ部　当事者に役立つサービスやツール

[2]　働きやすさの指標になるリオム（RIOMH）認証

　RIOMH では，プレゼンティーズム指標 WHO-HPQ 日本語版を用いて社員の生産性に目を向け，障害の有無にかかわらず社員ひとりひとりが本領発揮できる環境を整え，社員を大切にしようとしているという企業や団体を認証する非営利活動も実践しています．

　発達障害をもつ方が仕事を選ぶ際には，ご自身の特性を踏まえてどのような業種を選択するかも重要ですが，このような認証を受けている企業は「社員の生産性に目を向けて社員を大事にしたい」という経営者の心意気があるともいえるので，就労先を探すときの目安になるかもしれません．

　ハーバード大学のケスラー教授が開発した WHO-HPQ と宮木による公式訳である WHO-HPQ 日本語版は，経済産業省の「健康経営」に関するプロジェクトでも取り上げられ，主観的な生産性に目を向けるきっかけとして，「健康経営銘柄」や「健康経営優良法人（ホワイト 500）」の認証制度として活用されています．

　これらの国としての取り組みは一定の価値があるものですが，中小企業の方にこうした話をしても「社員を大事にしたいと思っているが，うちではそんな細かい要件をすぐに満たすのは難しい」といった敷居が高すぎることが問題点としてありました．

　われわれの実感としても，経営者が健康管理の価値を認めて動いてくれないと現場レベルでの大きな改善は望めないため，「個人レベルの動機付け」とともに，「経営者レベルでの動機付け」が重要と思っており，経済的メリットを可視化したり，敷居の高すぎない「認証制度」で取り組みを対外的にアピールしていただける，新認証制度を立ち上げることとなりました．

　本認証は，社員の生産性に目を向けて社員を大事にしたいという経営者の心意気を最も重視していて，経済産業省が東京証券取引所と構成した「健康経営銘柄」の求める各種要件を満たすための予算や時間がすぐには用意できない中小企業でも，意欲があれば認証を受けることができることを最大の特徴としており，下記のフォーマットで，当該年度の実施人数と平均値等を報告いただくことで認証を受けることができます．

　この認証を受けた企業や組織は，国際的に活用されているプレゼンティーズム指標 WHO-HPQ を用いて社員の生産性に目を向け，社員ひとりひとりが本領発揮できる環境を整え，社員を大事にしようとしているという経営者の意向を，交付されるRIOMH 認証マークによって就労希望者や社会に周知・アピールすることができます．

＜産業精神保健研究機構 RIOMH 認証の申請要件＞

1. 企業の経営者が，プレゼンティーズム指標 WHO-HPQ を健診等に導入し生産性に意識を向けることを決定する．
2. 企業の経営者が，社員ひとりひとりの力が発揮できる環境を整える旨を宣言する．
3. 適材適所の人事や働き方の工夫をした社員やグループを社内で表彰する．

企業名：	実施人数：　　　　　　　　　　人
ご担当者名：	絶対的プレゼンティーズムスコア平均値：
ご担当者部署：	相対的プレゼンティーズムスコア平均値：
実施年度（認証希望年度）：　　　　年	（四捨五入により小数点以下第一位まで記載）
申請日：　　　年　　月　　日	・記入後にriomh-staff@umin.ac.jpまで添付送信

産業精神保健研究機構認証

平成 30 年度　生産性定量評価実施済み認定証

殿

頭書の者はプレゼンティーズム指標 WHO-HPQ を健診等に導入し，生産性に意識を向け，社員一人一人の力が発揮できる環境を整える旨を宣言し，適材適所の人事や働き方の工夫に取り組んでいるのでここに認定する

2018 年 4 月 1 日　　WHO-HPQ 日本語版公式事務局
　　　　　　　　　　RIOMH 代表理事 ※本 ※

138——第Ⅲ部　当事者に役立つサービスやツール

[3]　発達障害の2軸評価ツール

　本書で紹介した，多様な発達障害の特性を ASD（自閉スペクトラム症）傾向と
ADHD（注意欠如・多動症）傾向の2軸で視覚化するツールを RIOMH では無償
で公開しています．このツールを実際に現場で活用している医療機関やリワーク施
設もありますので，利用してみたい方は RIOMH にお問い合わせください（riomh-
staff@umin.ac.jp）．
　現時点（2018年春）では東京都中心ですが，将来的に RIOMH の2軸評価を利
用できる施設や医療機関のネットワークを広げ，または IT の力を借りて，地理的
制限なく利用いただけるようにしたいと思っています．

第Ⅲ部　当事者に役立つサービスやツール——139

[4]　ADHD とうまくつきあうためのヒント

発達障害とうまくつきあうための 23 のヒント

　本書の第 1 章で ASD（自閉スペクトラム症）だけではなく，ADHD（注意欠如・多動症）も程度の差はあれ誰にでも連続的に分布しうるというハーバード大学医学部精神科のハロウェル博士の考え方（注意欠陥形質 Attention Deficit Trait と呼ばれる注意力や集中力が持続しない可変的な状態は，普通の人でも環境要因によって顕在化しうる）を紹介しました．ハロウェル博士は自身のウェブサイト www.drhallowell.com で，「成人の ADHD とうまくつきあうための 50 のヒント」というコンテンツをウェブサイトの登録者に提供しています．

　そこでは，"The treatment of adult ADHD begins with hope."（大人の ADHD 治療は「希望」からはじまる）と最初に記載されています．本書に示した情報や学術的エビデンス（特に発達障害傾向の一部の下位尺度は，生産性をむしろ高めるという筆者らの知見）が，少しでもこの「希望」のきっかけとなることを祈念しています．

　この「50 のヒント」を参考に，日本の当事者の方にも役立ち，大切と思われるヒントを私なりに考えてみましたので，参考になりそうなものがあれば日々の生活に取り入れてみてください．医療従事者や支援者，親御さんなどは助言やサポートするときの参考にしていただければと思います．

1　診断を確実に
　発達障害をきちんと診療できる専門家に相談し，症状が類似する他の疾患でないことを確認（rule out，除外診断といいます）しましょう．正しい診断を受けることが大切です．

2　疾患について学び，自分自身を理解してください
　本を読んだり，専門家の話を聞くなどして，発達障害に関して学び，ご自身の性質を理解することが大切です．

3　あなたの支援者をみつけてください
　自分のことを真摯に考えてくれる身近な人や医療従事者をみつけてください．ひとりで抱え込まないことが大切です．

お名前　〇〇　〇〇　　　　　　実施日　　　年　月　日

　発達障害といっても、自閉スペクトラム症(ASD)傾向が強い方と注意欠陥多動性障害(A
い方（あるいは両方が強い方）で特性は様々です。ご自身がどちらの傾向が強いのか、その特
したうえで、職場での適応力を高めるソーシャルスキルを身に着けることが有用です。

下図の２つの軸で、ご自分の特性を位置づけてみましょう！

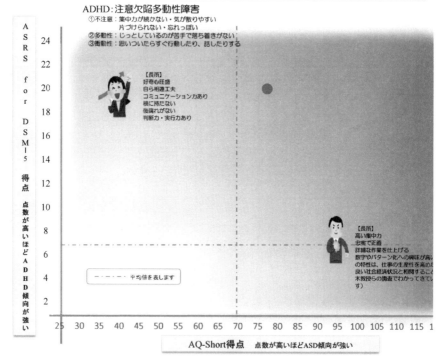

各スコアは高いから良いとか悪いというものではなく、高いほどその特性を強く持つことが示唆されるということなので、ご自身の特性を生かした職種・働き方を考える一助としてください！

<参考値>

	平均値
年齢(歳)	21.6
AQ-short	70.6
ASRS	10.7

※国際医療福祉大学医学部 鈴木知子助教（宮本研究室）の
　一般的な大学生での平均やばらつきがどのようなも

第Ⅲ部　当事者に役立つサービスやツール──141

ご自分の感覚過敏をはっきりと知り、対策を立てることは、無用な衝突や消耗を避けることにつながります。

家族や職場の上司など、周囲の支援者に知ってもらうのに使用することもできます。

(DHD)傾向が強

寺性・個性を把握

ADHDとASDの併存

ADHDとASDは全く別ですが、一人の人が両者を併せ持つことも稀ではないです

・あなたのAQ-shortスコア
77 点

・あなたのASRS for DSM-5スコア
20 点

ASD：自閉スペクトラム症

①社会性の障害
②コミュニケーションの障害
③想像力の障害/反復した情動的動作
　の3つがWingの三つ組症状と呼ばれます

他にも、感覚過敏や運動の苦手さなどが多く見られます

〈併存しやすい感覚過敏・困難とその対処例〉

該当するところに○、特に気になるところに◎を記入してください

併存	○・◎	対処例
聴覚過敏	○	・耳栓を使ったり、許可を得てノイズキャンセリング機能付きヘッドホンなどを利用 ・聞き取りが苦手なら支持の文書化の依頼やメモを利用
視覚過敏		・色の濃いサングラスを使用 ・画面の輝度を下げる ・ブルーライトカットのフィルターを貼る
体表過敏	◎	・服装の自由が許される職場の選定 ・肌に触れても気にならない衣服を選び、内側のタグは丁寧に取り除いておく
臭覚過敏		・苦手な匂い避けられない職場は避ける ・マスクを着用する ・職場内での移動・異動をお願いしてみる
易疲労感		・生活リズムを整えて、しっかり睡眠をとる ・自覚がなくても休憩を定期的に取る ・疲れを記録してみる
不器用さ		・手先の器用さを求められる職場は避ける ・自分なりの作業手順書を作り確認する ・なるべく一つ一つ指示を出してもらったり、仕事の優先順位を教えてもらう
読むことの困難（読字障害）		・線やしるしをつけながら読む ・読んでいる行に定規を当てる ・見比べる列をそろえる工夫をする
書くことの困難（書字表出障害）		・全部完璧に書こうとせず、略記方法を自分なりに決めて書けるだけ書く ・後で書き足し、補いきれなければ質問する ・小型キーボードなどのガジェットを利用する
その他、困難に感じること		（話す・聞く・計算する・推論する etc. 自由記載）

＊知能検査を受けたことがある方は、その時期と結果の概要
（知能指数、言語性IQ、動作性IQなどの値や言われたこと）をわかる範囲で記載ください。

この発達障害2軸評価は、国際的に有用性が確立されている注意欠陥多動性障害（ADHD）のスクリーニング検査DSM-5版ASRS、自閉症スペクトラム障害（ASD）のスクリーニング検査AQ-shortの原著者である、米国ハーバード大学のRon Kessler教授（Harvard Medical School）および英国ケンブリッジ大学のSimon Baron-Cohen教授（University of Cambridge）の許可を得て、産業精神保健研究機構RIOMH代表理事の宮木幸一博士（国際医療福祉大学医学部教授）が翻訳・妥当性検証を行った日本語版を用い、それぞれの傾向を併せ持つ度合いを2次元で視覚化したもので、診断を目的としたものではありません。（国際的に広く用いられている検査なのでスクリーニング結果として受診時に伝えることは診断に役立ちます）

© Research Institute of Occupational Mental Health　ver.1.0

20

標準偏差	最小値	最大値
2.4	18	30
8.5	39	104
3.9	0	24

)調査に回答した全国の大学生データ
のかの目安にしてください

142——第Ⅲ部　当事者に役立つサービスやツール

発達障害2軸評価（ADHD 傾向と ASD 傾向の定量視覚化）のための質問紙

記入日：　　　年　　月　　日　　お名前：

(1) 下記のすべての質問に答えてください。質問に答える際は、過去6カ月間におけるあなたの感じ方や行動を最もよく表す欄にチェック印を付けてください。

1	直接話しかけられている時でさえ、その人が言っていることに集中するのが困難だと感じることがどのくらいありますか？	○1. 全くない　○2. めったにない ○3. 時々　○4. 頻繁　○5. 非常に頻繁
2	座っていることが求められる会議や他の状況で、離席してしまうことがどのくらいありますか？	○1. 全くない　○2. めったにない ○3. 時々　○4. 頻繁　○5. 非常に頻繁
3	自分のための時間があるとき、くつろいだり、リラックスすることが難しいと感じることがどのくらいありますか？	○1. 全くない　○2. めったにない ○3. 時々　○4. 頻繁　○5. 非常に頻繁
4	会話をしているとき、あなたに話している相手が話終える前にその人の話を途中で終わらせてしまうことがどのくらいありますか？	○1. 全くない　○2. めったにない ○3. 時々　○4. 頻繁　○5. 非常に頻繁
5	物事をぎりぎりまで先延ばしにすることがどのくらいありますか？	○1. 全くない　○2. めったにない ○3. 時々　○4. 頻繁　○5. 非常に頻繁
6	日常生活を順序良く保ち、細部に注意を払うため、誰かに依存することがどのくらいありますか？	○1. 全くない　○2. めったにない ○3. 時々　○4. 頻繁　○5. 非常に頻繁

(2) 以下の 28 の質問について、あなたにもっともよくあてはまる答えの数字を○で囲んで下さい。
（あまり長く考えず、できるだけ速く選んで下さい）

1	私は何かをするとき、自分一人でよりも人と一緒にすることを好む	○1. そうである　○2. どちらかといえばそうである ○3. どちらかといえばそうではない　○4. そうではない
2	私は何かをするとき、何度も同じやり方ですることを好む	○1. そうである　○2. どちらかといえばそうである ○3. どちらかといえばそうではない　○4. そうではない
3	何かを想像しようとするとき、私は心に絵を思い描くことは易しいと気づく	○1. そうである　○2. どちらかといえばそうである ○3. どちらかといえばそうではない　○4. そうではない
4	私はしばしば一つのことに強く熱中する	○1. そうである　○2. どちらかといえばそうである ○3. どちらかといえばそうではない　○4. そうではない
5	私は車のナンバープレートや同じような情報の列に、いつも目が留まる	○1. そうである　○2. どちらかといえばそうである ○3. どちらかといえばそうではない　○4. そうではない
6	物語を読むとき、登場人物達がどのような格好をしているかを簡単に想像することができる	○1. そうである　○2. どちらかといえばそうである ○3. どちらかといえばそうではない　○4. そうではない
7	私は日付に興味をそそられる	○1. そうである　○2. どちらかといえばそうである ○3. どちらかといえばそうではない　○4. そうではない
8	私は何人かの異なる人々の会話に容易についていける	○1. そうである　○2. どちらかといえばそうである ○3. どちらかといえばそうではない　○4. そうではない
9	私は社交的な場面を気軽に考えている	○1. そうである　○2. どちらかといえばそうである ○3. どちらかといえばそうではない　○4. そうではない
10	私はパーティーに行くよりもむしろ図書館にいきたい	○1. そうである　○2. どちらかといえばそうである ○3. どちらかといえばそうではない　○4. そうではない
11	私は話しを作り上げることは易しいと気づく	○1. そうである　○2. どちらかといえばそうである ○3. どちらかといえばそうではない　○4. そうではない

第Ⅲ部　当事者に役立つサービスやツール——143

12	私は物事よりも人に、より強く引きつけられていると気づく	○ 1. そうである　　○ 2. どちらかといえばそうである ○ 3. どちらかといえばそうではない　　○ 4. そうではない
13	私は数字に興味をそそられる	○ 1. そうである　　○ 2. どちらかといえばそうである ○ 3. どちらかといえばそうではない　　○ 4. そうではない
14	物語を読むとき、私は登場人物達の意図を理解することは難しいと気づく	○ 1. そうである　　○ 2. どちらかといえばそうである ○ 3. どちらかといえばそうではない　　○ 4. そうではない
15	私は新しい友達を作ることは難しいと気づく	○ 1. そうである　　○ 2. どちらかといえばそうである ○ 3. どちらかといえばそうではない　　○ 4. そうではない
16	私は物事のなかの規則性にいつも目が留まる	○ 1. そうである　　○ 2. どちらかといえばそうである ○ 3. どちらかといえばそうではない　　○ 4. そうではない
17	私は毎日の習慣が邪魔されたとしても動揺しない	○ 1. そうである　　○ 2. どちらかといえばそうである ○ 3. どちらかといえばそうではない　　○ 4. そうではない
18	私は一度に2つ以上のことをすることは易しいと気づく	○ 1. そうである　　○ 2. どちらかといえばそうである ○ 3. どちらかといえばそうではない　　○ 4. そうではない
19	私は自発的に何かをすることを楽しむ	○ 1. そうである　　○ 2. どちらかといえばそうである ○ 3. どちらかといえばそうではない　　○ 4. そうではない
20	私は誰かが考えていることや感じていることを理解することは易しいと気づく	○ 1. そうである　　○ 2. どちらかといえばそうである ○ 3. どちらかといえばそうではない　　○ 4. そうではない
21	私はもし邪魔が入っても、とても速やかに元に戻ることができる	○ 1. そうである　　○ 2. どちらかといえばそうである ○ 3. どちらかといえばそうではない　　○ 4. そうではない
22	私は物事の分類に関する情報を集めることを好む	○ 1. そうである　　○ 2. どちらかといえばそうである ○ 3. どちらかといえばそうではない　　○ 4. そうではない
23	私は誰か他の人の立場にたってみることはどのようなことなのか、想像することは難しいと気づく	○ 1. そうである　　○ 2. どちらかといえばそうである ○ 3. どちらかといえばそうではない　　○ 4. そうではない
24	私は社会的な機会を楽しむ	○ 1. そうである　　○ 2. どちらかといえばそうである ○ 3. どちらかといえばそうではない　　○ 4. そうではない
25	私は人々の意図を理解することは難しいと気づく	○ 1. そうである　　○ 2. どちらかといえばそうである ○ 3. どちらかといえばそうではない　　○ 4. そうではない
26	新しい状況は私を不安にする	○ 1. そうである　　○ 2. どちらかといえばそうである ○ 3. どちらかといえばそうではない　　○ 4. そうではない
27	私は初対面の人々と会うことを楽しむ	○ 1. そうである　　○ 2. どちらかといえばそうである ○ 3. どちらかといえばそうではない　　○ 4. そうではない
28	私は子ども達とごっこ遊びを含んだ遊びをすることは易しいと気づく	○ 1. そうである　　○ 2. どちらかといえばそうである ○ 3. どちらかといえばそうではない　　○ 4. そうではない

以上で設問は全て終了です。お疲れ様でした。

　本調査票は、国際的に有用性が確立されている注意欠如・多動性障害（ADHD）のスクリーニング検査 DSM-5 版 ASRS、自閉症スペクトラム障害（ASD）のスクリーニング検査 AQ-short のそれぞれ原著者である、米国ハーバード大学の Ron Kessler 教授（Harvard Medical School）および英国ケンブリッジ大学の Simon Baron-Cohen 教授（University of Cambridge）の許可を得て、産業精神保健研究機構 RIOMH 代表理事の宮木幸一博士（元国際医療福祉大学医学部教授）が翻訳・妥当性検証を行った日本語版を利用しています。
　無断転用は法的に禁止されています。

©Research Institute of Occupational Mental Health

144——第Ⅲ部　当事者に役立つサービスやツール

4　信頼できる人からのフィードバックに耳を傾けてください

　発達障害があると自分が周囲にどうみえているかを正しく理解するのが難しいことがあります．信頼できる人からの意見は（たとえ耳が痛い内容であっても）しっかり耳を傾けて参考にしていく気持ちが大切です．

5　サポートグループ（支援団体）への参加を検討してください

　同じような悩みをもつ人たちのグループ（支援団体・患者会など）に参加することで，自分以外の人がどのようにその悩みを克服したり，工夫して気にならないようにしているかがわかります．孤独でないとわかることは大切です．

6　同じ悩みの人を助けてあげてください

　その過程であなたは多くのことを学ぶと思います．同じ悩みの人を助けることであなた自身の気分がよくなり，幸せになれることも大切です．

7　リスト作成や色付け，リマインダーの活用，メモ書き，ファイルなどを利用してください

　あなた自身の特性にもよりますが，日常生活や仕事を円滑にしてくれるこのような道具や工夫を積極的に活用することは大切です．

8　大きなタスクは分割して締め切りを決めましょう

　大きな仕事も小さな部分に分けていき，ひとつひとつを達成していくことで仕事全体が完成します．締め切りを設定することも大切です．

9　優先順位を決めましょう

　忙しくなると混乱してできるものもできなくなってしまうことがあります．そういう時は優先順位を決め（自分で分からなければ信頼できる人に聞いてください），大事なことからやっていくことが大切です．

10　あなたの力が一番発揮できる状況を把握しましょう

　多くの人から見れば変わった環境にみえることもありますが，あなたが一番リラックスして本領発揮できる状況を把握して，可能な範囲で近い状況で仕事をするようにすることは大切です．

第Ⅲ部　当事者に役立つサービスやツール──145

11　あなたが得意なことをしてください
　職場では得意なことばかりをできるわけではありませんが，自分自身がやっていて苦にならないことをみつけ（それが得意ということです！），そうしたことをなるべく多くできるようにする考え方は大切です．

12　あることに集中した後に違うことをするとき，時間を取って気分を切り替えてください
　集中する対象を切り替えることは難しいことが多いので，小休止をとって考えを整理し，次の課題に集中できるように準備する習慣は大切です．

13　ブローアウト（ガス抜き）の時間をもってください
　毎週一定の時間は，何もしないでリラックスできるような時間を意識してもってください．安全でゆったりできる方法なら何でも構わないので，そのような時間を意識して確保することが大切です．

14　「自分の充電」に罪悪感をもたないでください
　何も生み出さない時間を過ごすと罪悪感をもつことがあります．「自分を充電」するイメージをもって，それはあなたにとって意味のあることだと罪悪感をもたないようにすることは大切です．

15　定期的に運動しましょう
　二次性の抑うつ症状が強い時期は別として，体を動かすことは気分をよくして安定した気持ちにしてくれますので，無理のない範囲で意識して体を動かすことは大切です（運動は ADHD に対する最高の治療方法のひとつであるとハロウェル博士は述べています）．

16　気分が落ち込んだときの対処法を準備しておきましょう
　日常生活や仕事において，たまに気分が落ち込んでしまうことは避けられません．そうしたときのために，いつでも相談できる人をリストアップしたり，嫌なことを忘れられるくらい大好きな本やビデオ，音楽等を準備しておいたり，ストレスを発散できるパンチングバッグ（punching bag）や枕をあらかじめ用意しておいて，気分が落ち込んだ時に複数の方法を使って対処していくことは大切です．

17　よいことや大成功のあとにも憂うつな気分になることがあります

悪いことの後だけでなく，よいことの後にも気分が落ち込むことがあることを知っておくことは大切です．

18　刺激を受けすぎたり慌ててしまうような場合は小休止しましょう
　過度に刺激されて動揺するときは，その場を離れたり休憩を入れるなどしてまずは一休みすることが大切です．

19　うまくいったときのことをよく覚えておいて，思い出してください
　過去のうまくいったときのことは自信をもたせてくれたり学ぶべきことがあるものですが，繰り返し思い出さないと詳細を忘れてしまいますので，意識してその時のことを思い出せるようにすることは大切です．

20　何かに集中してしまう性質を覚えておきましょう
　よい意味でも悪い意味でも，何かに過度に集中してしまうことが多いという性質を覚えておくことは大切です．

21　一緒にいる人の選択には注意してください
　誰にでも当てはまることですが，発達障害をもつ人は特に一緒にいる人によってうまく過ごせたり，まごついたりしますので，一緒に過ごす人の選択は大切です．

22　友人とのスケジュールは大切にしてください
　決められた友人とのスケジュールはしっかり守りましょう．あなたにとって，友人とのつながりを維持することはとても大切です．

23　自分が理解されたり好かれる場所を探し，そのグループに参加してください
　逆に自分が理解されなかったり好かれない場所には長くとどまらないことが大切です．

　以上の23のヒントが，発達障害の程度や組み合わせにかかわらず，少しでも「生きづらさ」の軽減に役立てば幸いです．

カレイドスコープ（万華鏡）戦略

　ハーバードビジネススクール（HBS）でアントレプレナーシップ（起業家精神）研究のゴッドファーザーとも呼ばれるハワード・スティーブンソン教授と HBS シ

第Ⅲ部 当事者に役立つサービスやツール——147

ニアフェローであるローラ・ナッシュによる「カレイドスコープ（万華鏡）戦略,
Kaleidoscope strategy」を紹介します.

この戦略を一言でいえば,「多面的な物の見方をして, 足るを知る」ことになります. さまざまな程度の障害とともにさまざまな人々からなるこの社会で生きていくうえで, 示唆に富んでいる指摘でしょう.

（Harvard Business review 2004, Just enough: Tools for Creating Success in Your
Work and Life（Wiley 2004）by Laura Nash, Howard Stevenson）

彼らの調査によると, 人生における成功の測定基準として単一の尺度を用いることは適切でなく（ひとつの尺度だけで人生を測定することを著者らは「崩壊する戦略 collapsing strategy」と呼んでいます）, これ以上単純化できない（irreducible な）次の4つが必須要素（big four, 四大要素）であることがわかったそうです.

(1) Happiness 幸福感：あなたの人生に喜びと満足を感じること
(2) Achievement 達成感：努力すべきものを与えてくれ, 他の人々の成果と比べうる成果を達成すること
(3) Significance よい影響力：あなたが大切に思っている人々へよい影響を与えること
(4) Legacy 未来への遺産：将来他の人々の利益になるような, あなたの価値感や成果を確立すること

長続きする本当の意味での「成功」と「よき人生」のためには, この4つの領域でバランスを取る必要があると彼らは述べています. 社会的地位や金銭的な価値といった単一の指標だけで人生を考え, 気を取られるあまり, 人生で必要な他のことに目が向かなくなってしまうことを戒めています.

個人的には2番目の「達成感」に「他者との比較」が入っている点にやや疑問を感じますが, 自分なりに満足が行く目標を設定して努力を続け, それを達成するというふうに読み替えてもいいかもしれません.

自分が「楽しい」「嬉しい」と思えることを意識して人生を楽しみ（1）, 自分なりの目標を設定してひとつひとつ達成し（2）, 自分が大切に思う人に何か役立つようなことをやってみて（3）, 自分の経験を他の誰かのために伝えていく（4）, といったことを, バランスよく, 足るを知って無限に追い求めないという姿勢です.

「よい影響を与える」「未来への遺産」というと仰々しいですが, 発達障害に限らず同じ障害や病気をもつ人たちが自分自身の経験や工夫を同じ悩みをもつ人に伝えることで支えあう「ピアサポート」の取り組みもあります. ご自身が大変な時期を

148——第Ⅲ部　当事者に役立つサービスやツール

乗り越えて余裕ができた時で構わないので，その経験をぜひ誰かに伝えて，役立ててもらえばと思います．

「情けは人の為ならず」ということわざは，科学的にも正しく，人のためが自分のためになることを実感できると思います．

また「人のために何かすること」の裏側にある「人に助けてもらうこと」に抵抗をもたないようにしてください．「助けてもらうこと＝迷惑をかけること」と短絡的に考えて必要な助けを求めることを躊躇してしまう患者さんは結構いらっしゃるので，医療機関にかかるほどではないが悩んでいる方も含めて，誰かに相談したり助けてもらうことに罪悪感をもたないで欲しいと思います．医療従事者や支援者，一般の方でも，打算的ではなく喜んで誰かのためになることをしている人は間違いなく存在します．そういう人をみると「世の中は捨てたものではないなぁ」と再認識させてもらうことが私もあります．

私も役員としてお手伝いしている，東京大学医学部長でいらした矢﨑義雄先生が特別顧問の「ウェルネスト」という東大発ベンチャーがあります．IT の力を借りて働く方の健康管理を効率化しており，大企業並み，もしくはそれ以上の産業保健サービスを誰もが受けられるようになることを目指しています．また法定の健康診断やストレスチェックを受けっぱなしにせずに保健師等が遠隔を含めフォローアップし，必要な方には適切な医療に結び付けるような活動をしています．私の提案でメンタルヘルスに関する問題を来した方には単に信頼できる精神科医療機関を紹介するにとどまらず，産業医・精神科医・リワーク施設・社会的な支援サービスの紹介を行っています．将来的には障害のある人の農業分野での就労を支援する「福農連携」のように，都市部での就労がなじまない方に地方での IT を活用した就労や農林水産業の紹介・支援を検討しています．

障害認定を受けるまでの方は少数ですが，そこまで障害の程度は強くなくとも休職中に経済的な不安を感じたり，実際に給与水準が下がったりすることが多いので（傷病手当を受給すると普段の 7 割くらいの収入となることが多いです），精神科診療では自立支援制度をお勧めすることがあります．こういった社会制度は経済的不安がある方が安心して療養・職場復帰に向けた訓練に臨むことができて有用です．診察費用や薬剤費，リワーク費用などの自己負担が 1 割で済むようになります．

専門家や親切な方に助けてもらうことや，社会制度を活用することは，「人のために何かすること」の裏返しであって，迷惑をかけることでも恥ずかしいことでもありません．必要な時は抵抗をもたないようにしてもらえればと思います．

こうした考え方を知ることは，「よき人生」を送るヒントになりうることはもちろん，二次性のうつ病や不安障害を予防するためにも有効です．ぜひ日常生活を送

る上での参考にしてみてください.

おわりに

　以前筆者が『日本経済新聞』のコラム「私見卓見」（2017年8月11日掲載）でも指摘したことですが，乳幼児は母子保健法，学校は学校安全保健法，労働者は労働安全衛生法があり，乳幼児は地域の保健師が担当し，学生は学生相談室，就労現場では産業医・産業保健師がフォローする制度ができている一方で，就労移行支援の方は制度的な「狭間」にあるといえます．全国の発達障害当事者会の85％は就労支援が必要と考えているという調査結果も同紙でありましたが，いくつかの障害者就労支援団体にボランティアで協力してきた我々の実感にも合致します．障害を持つ方が「就労」という社会参加を継続していくためには，健常者があまり気づかない苦労や，それを支援する人々が（まだ十分な数とは言えないかもしれませんが）いるということに，少しでも気づいてもらうきっかけになればという思いを持って本書を執筆しました．

　本書で紹介した「多かれ少なかれ，我々すべてが発達障害の傾向を持つ」という視点に立つと，健常者の「働き方」を再考するきっかけにもなるのではとも感じています．

　小児の発達障害は理解や支援が進んでいる一方，成人の発達障害は理解や支援が乏しく，能力はあるのに仕事を続けられず労働市場から退出してしまうことが多いように思います．その結果，当事者本人だけでなく家族や周囲の人々に多くの不幸な状況を生み，社会全体としても生産性が下がってしまうことに，筆者は問題意識を感じていました．

　本書では，発達障害者の就労支援団体と行ったアンケート調査結果や，筆者らの研究成果を解説しました．リアルなデータをみていただくことで，当事者たちの現状を少しでも明らかにできたかと思います．一般の方が普段意

152——おわりに

識することの少ない,「成人の発達障害者の就労」という社会的課題を知っ
てもらい,少しでも考えてもらうきっかけとなれたなら,筆者にとって望外
の幸せです.

　本書でたびたび紹介したように,自閉症特性は健常者でも程度の差はあれ
認められます（ウイングのスペクトラム仮説,日本人健常者でも成立するこ
とを宮木らが 2017 年に国際誌 *Autism* で実証 [1]）.2013 年の自閉症診断基
準におけるスペクトラム仮説の採用は医学の世界でも大きなパラダイム転換
ですが,このことを一般の方にも広く知ってもらうことは,発達障害に限ら
ず障害者と健常者の心の隔たりを減らしうるのではないかと期待しています.
　筆者らの今後の展望として,どのような特性を強くもっているのかを本人
も周囲も把握し,生産性を高める工夫を企業や社会が行っていくことで,ひ
とりひとりが自らのパフォーマンスを十分発揮できるような「本領発揮社
会」が目指せるのではないかと考えています.個人にとってのやりがい・幸
福感と,企業や社会全体としての生産性向上を両立しうるような方向性を模
索していくことが,現状の課題に対する解決策のひとつになるのではないか
と感じている次第です.
　経営者の方には,表面化しない生産性損失を見える化・定量化できる
WHO-HPQ のようなプレゼンティーズム指標を積極的に活用することで,
発達障害者も健常者もひとりひとりの能力を最大限発揮できる社会を目指し
てもらい,それがひとりひとりの幸福や障害者の社会参加につながるのみな
らず,経営的にもプラスに働きうることを知ってもらえれば幸いです.

　2011 年の障害者基本法の改正で,今まで手薄だった発達障害対応への反
省として「発達障害」が障害のひとつとして明記されたことから,身体障害
のみならず,発達障害を含む精神障害への対応が重要視されるようになって
きました.
　日本は 2014 年に国連の「障害者の権利に関する条約」を批准し,「障害を
理由とする差別の解消の推進に関する法律」（通称：障害者差別解消法）が
成立,2016 年 4 月から施行されています.この法律をわかりやすくまとめ

ると，「障害のある人への差別をなくすことで，障害のある人もない人もともに生きる社会をつくることを目ざすもの」といえます．具体的には2016年4月以降の「義務」として社会的障壁をなくすため，「不当な差別的取扱い」と「合理的配慮をしないこと」を禁じています．

障害者雇用率制度によって障害者の法定雇用率も年々上昇しています．平成30（2018）年4月から，民間企業では現行の2.0％から2.2％に，国や地方公共団体等では2.3％から2.5％に引き上げられ，平成33（2021）年4月までにさらに0.1％引き上げられることが決定済みです．上記の障害者差別解消法の施行によって障害者への理解は「法的に」進んでいるともいえますが，意識の面ではまだ社会の十分な理解があるとはいえない状況です．

発達障害者の就労という課題をきっかけに，障害の有無にかかわらず各人がその力を発揮し，ともに幸せに暮らせる「本領発揮社会」の構築を少しでもイメージいただけたならば，著者冥利に尽きます．

最後に，社会に出る直前の学校教育にも工夫が必要と思うことについて触れたいと思います．学生という守られた身分の時は，発達障害の特性に起因する周囲との摩擦や衝突もそれほど大問題には至らず，学生時代は特性が顕在化しなかったような当事者でも，ひとたび社会人となると特性上苦手とする社会の暗黙のルールや明文化されていない職場ごとの不文律によって消耗・疲弊してしまい，二次性のうつ病や適応障害を発症する方を多く診てきました．

こうした明らかに診断がつくほどではないものの，ある程度発達障害の傾向を持つ学生さんには，社会に出る前に各自の特性を理解し，社会に適応して仕事をしていく上で有用なソーシャルスキルトレーニングや心理的サポートが社会に出る前の教育の場で受けられるような仕組みが有意義と思います．

こうした取り組みが，上述のコラムで指摘したような制度の「狭間」解消に寄与すると思われますし，障害のない学生にとってもそうしたソーシャルスキルを身に着けることは社会で活躍していくうえで無駄にはならないと思われます．

『21世紀の資本』を著したトマ・ピケティは，社会保障を軸とした福祉国家の概念に教育も加えて現代の社会国家（Social State）という言葉を用いていますが，社会格差の是正や社会格差による健康格差の解消にも教育は有効であり，発達障害のように近年顕在化してきた社会問題に対しても，学生がより社会に適応して生産性の高い状態で自らの力を発揮できるよう，新たな視点で教育を行うことが求められているともいえましょう．今後社会的な制度として全国の教育機関でこうした取り組みが広がっていくことを期待しています．

発達障害者の特性を正しく理解し，皆が能力を発揮しやすい環境を作ることは，当事者の二次性のメンタル疾患を予防するだけでなく，当事者が「働く」という社会参加を通して幸福になり，企業としても生産性を高めることに繋がりえます．当事者の家族や職場の上司・同僚など，関係者が大変な苦労をすることを回避することを含め，一石四鳥ともいえる発達障害への社会としての正しい理解に，本書が少しでも役立てればうれしいです．

ここまで読んでくださった読者の方に感謝するとともに，本書を企画いただいた東京大学出版会編集部の依田浩司様と，原稿作成にご尽力いただいた山本菜々子様，ご多用の中で快く本書のためのインタビューに応じてくださった方々，質的研究によるアプローチと解釈でご助言いただいた北里大学医学部医学教育研究開発センターの千葉宏毅助教，そして国際医療福祉大学医学部公衆衛生学の研究室で私と一緒に多くの研究を推進するとともに原稿執筆を手伝ってくれた鈴木知子助教には，改めて感謝の意を表します．

2018年3月吉日　文京区白山の自宅にて

産業精神保健研究機構 RIOMH 代表理事

国際医療福祉大学医学部　教授

宮木幸一

付　記

　本書で紹介した研究に関して支援を受けた公的研究費は以下の通りです.

　特に鈴木知子先生が研究代表者を務める基盤研究では, 現在進行形で新たな研究や学生の皆さんへの支援活動が進んでおり, さらなる知見の集積が期待されることを申し添えます.

　文部科学省科学研究費　基盤研究（C）「発達障害傾向, 愛着パターン, プレゼンティーズムと職場・学校不適応及び抑鬱との関連」（研究代表者：鈴木知子, 分担研究者：宮木幸一）

　文部科学省科学研究費　基盤研究（B）「抑うつ発症における職業性ストレスと遺伝素因・エピゲノムの相互作用」（研究代表者：宮木幸一, 分担研究者：鈴木知子）

　文部科学省科学研究費　基盤研究（A）「労働者1万人の多目的パネル追跡による職業性ストレスの健康影響の包括的な解明」（研究代表者：堤明純, 分担研究者：宮木幸一）

　文部科学省科学研究費　新学術領域「社会階層と健康」現代社会の階層化の機構理解と格差の制御（研究代表者：川上憲人, 分担研究者：宮木幸一）

　臨床面での最新の取り組みを付け加えると, 私が診ている発達障害の方（障害者採用でなく一般採用で就労中）でご本人から強く「オープン就労」（障害があることを周囲に開示して就労すること, 対義語はクローズ就労）を希望される方がいて, 障害者職業センターのスタッフや同センター所属のジョブコーチに来ていただいて具体策を協議し, 人事や上司だけでなく職場としての理解を深めてもらい, ご本人が周囲に誤解されることで苦しまないような取り組みを進めています.

　オープン就労には, 就職前であれば就職先の選択肢が狭まることや, 職場の心無い人から「障害がある」という理由だけで差別的な扱いを受ける可能性があること, 企業によっては重要な仕事を任せてもらえなくなったり昇進しづらくなる可能性があることなど, デメリットも複数あり, どの方にも一概にお勧めすることはしていませんが, ご本人の強い希望がある場合には可能な範囲で支援するようにしています.

　メリットとしてはこの方が最も悩んでいたことですが, 障害の特性のためにできない（あるいはうまくできない）ことに対して周囲から「怠けている」「変わった

156——おわりに

人だ」と誤解され続けることを回避しうること，通院や服薬で仕事を離れることに
理解が得やすいこと，特性に応じた仕事を割り振ってもらうことで得意な分野で能
力を発揮しやすくなることなどが考えられ，この方の場合はすでに就職済みである
こと，その企業では障害があっても活躍している方が実際にいることから，デメリ
ットよりもメリットの方が大きいと判断されたのだと思います．

　上記は 3 類型あるうちの「配置型」（地域障害者職業センターに所属するジョブ
コーチが事業所に出向いて支援するタイプ）のジョブコーチを活用した現在進行形
の取り組みですが，企業内の産業保健スタッフや職場関係者と調整しつつ，医療機
関だけでなく様々な支援機関との連携やジョブコーチの活用など，各種リソースを
総動員して環境調整・サポートしていきたいと思っています．

　医師や産業保健スタッフでもこうした制度を知らない人は意外に多く，サポート
したいという気持ちはあっても実際の行動には移せていないケースも散見されます
ので，皆さんの周囲にもしこのような制度が役立ちそうな方がいれば，「こういっ
た就労支援の公的制度もあるみたいだよ」とお知らせしてみてください．こうした
支援が役に立つ方は確実に存在しますし，こうした支援を受けることで障害があっ
ても職場に適応して能力を発揮し，長期にわたって働けるようになることのメリッ
トは非常に大きいものですので，そうしたきっかけを本書の読者が担ってくだされ
ば当事者だけでなく関係者にも読者が感謝されることと思いますので，最後にこう
した制度の周知をお願いして本書を締めくくりたいと思います．

参考文献

はじめに

[1] Suzuki, T., Miyaki, K., Eguchi, H., & Tsutsumi, A. (2017). Distribution of autistic traits and their association with sociodemographic characteristics in Japanese workers. *Autism* (http://journals.sagepub.com/doi/abs/10.1177/1362361317716605).

第1章

[1] 政府広報オンライン「発達障害って，なんだろう――理解する」より転載（https://www.gov-online.go.jp/featured/201104/contents/rikai.html）.

[2] Suzuki, T., Miyaki, K., et al., (2017)., *ibid.*

[3] 立森久照（2012）．数字から見たわが国の精神障害の現状と課題．日本社会精神医学会誌，21(4)，523-25.

[4] Suzuki, T., Miyaki, K., et al., (2017)., *ibid.*

[5] Suzuki, T., Miyaki, K., et al., (2017)., *ibid.*

[6] Suzuki, T., Miyaki, K., et al., (2017)., *ibid.*

[7] 宮木幸一ほか（2017）．学会発表抄録，産業衛生学雑誌，59.

[8] Suzuki, T., Miyaki, K., et al., (2017)., *ibid.*

第3章

[1] Hoekstra, R. A., Vinkhuyzen, A. A., Wheelwright, S., Bartels, M., Boomsma, D. I., Baron-Cohen, S., Posthuma, D., van der Sluis, S. (2011). The construction and validation of an abridged version of the autism-spectrum quotient (AQ-Short). *J Autism Dev Disord.*, 41(5), 589-96.

[2] Suzuki, T., Miyaki, K. et al., (2017)., *ibid.*

[3] Hoekstra, R. A., et al., (2011)., *ibid.*

[4] Sterling, L., Dawson, G., Estes, A., & Greenson, J. (2008). Characteristics associated with presence of depressive symptoms in adults with autism spectrum disorder. *J Autism Dev Disord.*, 38(6), 1011-8.

[5] Skokauskas, N. & Gallagher, L. (2012). Mental health aspects of autistic spectrum disorders in children. *J Intellect Disabil Res.*, 56(3), 248-57.

[6] Marinopoulou, M., Lugnegård, T., Hallerbäck, M. U., Gillberg, C., & Billstedt, E. (2016). Asperger syndrome and schizophrenia: A comparative neuropsychological study.

J Autism Dev Disord., 46(7), 2292-304

第 4 章

[1] WHO-HPQ（https//www.hcp.med.harvard.edu/hpq）.

[2] Collins, J. J., Baase, C. M., Sharda, C. E., Ozminkowski, R. J., Nicholson, S., Billotti, G. M., Turpin, R. S., Olson, M., & Berger, M. L. (2005). The assessment of chronic health conditions on work performance, absence, and total economic impact for employers. *J Occup Environ Med.*, 47(6), 547-57.

[3] 中山健夫・菅万希子・宮木幸一 (2017). Presenteeism：医学と経営学の融合にむけた Pilot Study. 仕事能力研究, 5, 25-42.

[4] Burton, W. N., Chen, C. Y., Conti, D. J., Pransky, G., Edington, D. W. (2004). Caregiving for ill dependents and its association with employee health risks and productivity. *J Occup Environ Med.*, 46(10), 1048-56.

[5] Collins, J. J. et al., (2005)., *ibid.*

[6] Kessler, R. C., Berglund, P. A., Coulouvrat, C., Hajak, G., Roth, T., Shahly, V., Shillington, A. C., Stephenson, J. J., & Walsh, J.K. (2011). Insomnia and the performance of US workers: Results from the America insomnia survey. *Sleep*, 34(9), 1161-71.

[7] Janssens, H., Clays, E., De Clercq, B., De Bacquer, D., & Braeckman, L. (2013). The relation between presenteeism and different types of future sickness absence. *J Occup Health*, 55(3), 132-41.

[8] Kessler et al., (2011)., *ibid.*

[9] Suzuki, T., Miyaki, K., Song, Y., Tsutsumi, A., Kawakami, N., Shimazu, A., Takahashi, M., Inoue, A., & Kurioka, S. (2015). Relationship between sickness presenteeism (WHO-HPQ) with depression and sickness absence due to mental disease in a cohort of Japanese workers. *J Affect Disord.*, 180, 14-20.

[10] Lee, S., Tsang, A., Ruscio, A. M., Haro, J. M., Stein, D. J., Alonso, J., Angermeyer, M. C., Bromet, E. J., Demyttenaere, K., de Girolamo, G., de Graaf, R., Gureje, O., Iwata, N., Karam, E. G., Lepine, J. P., Levinson, D., Medina-Mora, M. E., Oakley Browne, M. A., Posada-Villa, J., & Kessler, R. C. (2009). Implications of modifying the duration requirement of generalized anxiety disorder in developed and developing countries. *Psychol Med.*, 39(7), 1163-76.

[11] Kesller et al., (2011)., *ibid.*

[12] 鈴木知子のインターネット調査による（未公刊）. 図 4-5 以下も同じ.

おわりに

[1] Suzuki, T., Miyaki, K., et al., (2017)., *ibid.*

なお，宮木らの文部科学省の科学研究費による職域コホート研究については，下記の
URL を参照のこと．
https://mental.m.u-tokyo.ac.jp/sdh/archives/for_public-labor.html
http://www.med.kitasato-u.ac.jp/~publichealth/j_results.html

著者紹介

宮木幸一(みやき・こういち)
産業精神保健研究機構 RIOMH(リオム)代表理事

1974年大阪生まれ，慶應義塾大学医学部卒，医学博士．京都大学医学部講師，国立国際医療研究センター臨床疫学研究室長，北里大学医学部准教授，国際医療福祉大学医学部教授を経て現職．主要著書に『社会と健康』(分担執筆，東京大学出版会)，『キャリアコンサルティングに活かせる働きやすい職場づくりのヒント』(分担執筆，金剛出版)，ほか．障害者の就労支援や国際的な生産性指標 WHO-HPQ の普及活動など非営利活動を中心に，社会実践を重視．こうした教育・研究活動と並行して大学の校医として心療内科診療・学生サポートを行ったり，嘱託産業医として約30社の産業保健現場を経験し，現在も大手金融グループ企業での統括産業医や休職者の職場復帰を支援するリワーク施設・メンタルクリニックでの診療活動を行っている．

　プライベートでは大型犬から小型犬まで4犬種6頭の飼育歴を持ち，動物との触れ合いによる「癒し」やオキシトシン等のホルモンバランスの変化によるストレス耐性の向上や発達障害傾向の緩和を目指した研究開発にも取り組んでいる．

発達障害を職場でささえる
全員の本領発揮を目指すプレゼンティーズムという視点

2018 年 10 月 30 日　初　版

［検印廃止］

著　者　宮木幸一

発行所　一般財団法人　東京大学出版会

代表者　吉見俊哉
153-0041 東京都目黒区駒場4-5-29
http://www.utp.or.jp/
電話 03-6407-1069　Fax 03-6407-1991
振替 00160-6-59964

組　版　有限会社プログレス
印刷所　株式会社ヒライ
製本所　誠製本株式会社

©2018 Koichi Miyaki
ISBN 978-4-13-063407-6　Printed in Japan

JCOPY 〈(社)出版者著作権管理機構 委託出版物〉
本書の無断複写は著作権法上での例外を除き禁じられています. 複写される
場合は, そのつど事前に, (社)出版者著作権管理機構（電話 03-3513-6969,
FAX 03-3513-6979, e-mail: info@jcopy.or.jp）の許諾を得てください.

川上・橋本・近藤　編	社会と健康 健康格差解消に向けた統合科学的アプローチ	A5・3800 円
田宮菜奈子・小林廉毅　編	ヘルスサービスリサーチ入門 生活と調和した医療のために	A5・3500 円
東大医学部 健康総合科学科編	社会を変える健康のサイエンス 健康総合科学への 21 の扉	B5・2500 円

ここに表示された価格は本体価格です．御購入の
際には消費税が加算されますので御了承下さい．